T0267759

EL PODER DEL RITUAL

Convierte actividades cotidianas
en prácticas llenas de sentimiento

CASPER TER KUILE

EL PODER DEL RITUAL

Convierte actividades diarias
en prácticas llenas de sentimiento

EDICIONES OBELISCO

Si este libro le ha interesado y desea que le mantengamos informado
de nuestras publicaciones, escríbanos indicándonos qué temas son de su interés
(Astrología, Autoayuda, Psicología, Artes Marciales, Naturismo,
Espiritualidad, Tradición…) y gustosamente le complaceremos.

Puede consultar nuestro catálogo en www.edicionesobelisco.com

Colección Espiritualidad y Vida interior
EL PODER DEL RITUAL
Casper ter Kuile

1.ª edición: junio de 2023

Título original: *The Power of Ritual*

Traducción: *David George*
Corrección: *M.ª Jesús Rodríguez*
Diseño de cubierta: *Enrique Iborra*

Edita: Ediciones Obelisco, S.L.
Collita, 23-25. Pol. Ind. Molí de la Bastida
08191 Rubí - Barcelona - España
Tel. 93 309 85 25
E-mail: info@edicionesobelisco.com

ISBN: 978-84-1172-011-3
DL B 8599-2023

Impreso en los talleres gráficos de Romanyà/Valls S.A.
Verdaguer, 1 - 08786 Capellades - Barcelona

Printed in Spain

*A mi padre, que me enseñó
cuándo seguir las reglas,
y a mi madre, que me enseñó
cómo cambiarlas.*

PRÓLOGO

Vivimos en un era de fragmentación. Los académicos han estudiado cómo nuestras comunidades (familias, iglesias, vecindarios, equipos de trabajo y ligas de bolos) se están transformando. Antaño estables y duraderas, ahora, como resultado de fuerzas económicas y sociales, están llenas de gente que muestra un compromiso más pasajero con sus empleos, lugares, amistades y matrimonios.

Debido a razones profundas e históricas, nuestro sentido de la identidad está ahora más fragmentado, para mejor o peor. Tenemos unas identidades espirituales más complejas y ricas que en el pasado y unas identidades de género y étnicas también más complejas y ricas. Vivimos en un mundo globalizado.

Hay mucho que elogiar en esta era de fragmentación: el aumento de derechos y libertades, el creciente número de mujeres en puestos de poder, la democratización de formas de arte y de la información, y el movimiento lento pero en aceleración de alejamiento de la homofobia, el sexismo y el racismo que definieron nuestra historia reciente de conquistas colonizadoras.

Pero también hay muchas cosas por las que estar preocupado. La gente siente la ausencia de la comunidad. Los estudios han demostrado que el ciudadano medio de Estados Unidos, y probablemente de todo el mundo, es más solitario que nunca. La gente tiene menos amigos. Pasa una cantidad desorbitada de tiempo desplazándose diariamente en coche al trabajo o navegando por fuentes de noticias en Internet. La gente confía menos en sus conciudadanos y trabaja más duro que nunca. Las tecnologías a las que muchos dimos la bienvenida con gran entusiasmo hace una década están mostrando ahora no consistir en el nuevo mundo utópico y digital de conectar y compartir, sino en un nuevo mundo definido por la ansiedad, la soledad, la comparación interminable con los demás y quizás la vigilancia. Nuestra era de fragmentación ha sentado las bases de una era de ansiedad.

Y esta fragmentación tiene unos costes pronunciados para la mente y el cuerpo. Como profesor de psicología, enseño la ciencia de la felicidad en la Universidad de California en Berkeley, y también a cientos de miles de personas en cursos *online* y mediante contenidos digitales y mi podcast *The science of happiness*. A lo largo de los veinte años de este compromiso, me han hecho una pregunta clave: ¿Cómo puedo encontrar una felicidad más profunda?

La ciencia apunta a una respuesta en lo abstracto: Encuentra una mayor comunidad. Profundiza tus conexiones con los demás. Estate al lado de los demás de formas importantes. Encuentra rituales para organizar tu vida. Esto estimulará tu felicidad, te proporcionará una mayor alegría e incluso sumará diez años a tu esperanza de vida, tal y como sugiere la ciencia. Las conexiones profundas y el sentimiento de pertenencia a una comunidad reducen los niveles de cortisol (hormona relacionada con el estrés); activan los circuitos cerebrales de recompensa y seguridad; activan una región del sistema nervioso llamada nervio vago, que ralentiza nuestro sistema cardiovascular y hace que nos abramos a los demás, y conducen a la secreción de oxitocina, una sustancia neuroquímica que promueve la cooperación, la confianza y la generosidad. Sin embargo, me he visto en apuros para señalar formas profundas, prácticas y ejemplares de desarrollar conexiones, un sentimiento de pertenencia a una comunidad y un sentido del ritual.

Ahora puedo hacerlo. En el libro *El poder del ritual: Convierte actividades cotidianas en prácticas llenas de sentimiento*, de Casper ter Kuile, encontramos un mapa de carreteras hacia un mayor sentido en la vida a través de la comunidad. Un primer paso consiste en la creación de rituales laicos diarios. Los rituales son, desde mi punto de vista, formas repetidas y que siguen patrones en las que representamos las emociones morales (compasión, gratitud, asombro, dicha, empatía, éxtasis) que se han visto moldeadas por nuestra evolución como homínidos y que se han incorporado en el tejido de nuestra cultura mediante la evolución cultural. Aprendí esto de manos de Casper durante el verano de 2018. Me invitó a una experiencia ritualizada de Saint-Germain-des-Prés, mi catedral favorita de París. Antes de entrar en el espacio iluminado de su interior, dimos vueltas alrededor del edificio en sentido horario, asimilando el flujo de los sonidos y las imágenes que un paseo meditativo trae consigo. Entonces le dimos una limosna a un hombre que pedía en la entrada, sintiendo la profunda compasión de la caridad. Antes de sentarnos en un banco de la iglesia, hicimos una genuflexión e hicimos una petición y ofrecimos un pensamiento silencioso y reflexivo (una oración) por alguien que nos importa. Nos sumergimos en las vidrieras policromadas, que tan bien reflejaban los patrones y la belleza de la naturaleza (los nervios de las hojas, los colores de los árboles, los reflejos en los lagos). Nuestra atención se desplazó hacia arriba, hacia el ábside de la catedral, como si estuviéramos mirando por encima de nuestras cabezas hacia las nubes del cielo. Nos santiguamos en un acto de silencioso contacto. Aunque no soy religioso, estos simples actos rituales (como los que aparecen a lo largo de este libro) me proporcionaron un sentimiento de calma, reverencia e incluso gracia.

Los rituales generan patrones de las mayores capacidades que creo que nos fueron concedidas en el proceso de la evolución y desarrolladas en nuestra evolución cultural: nuestra capacidad de compartir, cantar, corear, venerar, encontrar belleza, bailar, imaginar, reflexionar tranquilamente y sentir algo más allá de lo que podemos ver. El libro de Casper señala hacia unos principios de nivel superior a través de los cuales puedes crear más rituales en tu vida fragmentada. Lee textos sagrados (este pasado junio releí «Canto a mí mismo», de Walt Whitman, un texto sagrado en mi familia y, una vez más, me conmoví). Crea días festivos en tu vida libres de trabajo, tecnología, vida social y nuestras horas frenéticas con unos horarios sobrecargados a lo largo de la jornada. Encuentra oportunidades para practicar lo que podríamos llamar oración (formas silenciosas y conscientes de reflexionar sobre el amor, la gratitud y la contrición). Come con otras personas. Busca en la naturaleza, esa fuente universal para trascender del yo y que tan frecuentemente sana, como apuntó Emerson, «las calamidades de la vida». En vista de nuestra vida fragmentada, Casper nos anima, mediante esta visión amplia y sintética de la vida espiritual, a urdir juntos un tejido de rituales para aportar a nuestra vida sentido y un sentimiento de pertenencia a una comunidad.

Casper también nos ofrece una idea que quizás sea más desafiante: despertar al ritual y a la comunidad que ya estás creando, instintivamente, en tu vida social. Tenemos la necesidad biológica, tal y como han mostrado los científicos, de pertenecer a algo. Sin un comunidad, tal y como sucede en los casos de confinamiento en solitario o aislamiento, perdemos la cabeza. Buscamos y creamos rituales con entusiasmo y energía. Durante veinte años jugué a baloncesto de manera informal hasta que me quedé sin cartílago en las rodillas. Jugué en prácticamente cada ciudad que visité, desde Santa Mónica (California) hasta Brockton (Massachusetts), e incluso en ciudades francesas. Jugaba con cualquiera. Ni siguiera era un jugador muy habilidoso. Luego, cuando tuve que colgar las botas, lo que más eché de menos no fueron los puntos anotados ni las victorias conseguidas, sino los rituales que unen a las personas en el baloncesto informal: choques de puños, formas de protesta y contrición, celebraciones y bailes, patrones ritualizados de cinco personas moviéndose juntas en una cancha de baloncesto. Es sublime.

El brillante libro de Casper nos desafía para que veamos y sintamos los rituales que ya forman parte de nuestra vida, para que cambiemos nuestro pensamiento hacia una mentalidad comunitaria. Probablemente esté sucediendo en tu clase de *spinning*, en viajes para practicar la escalada, en conciertos musicales, cuando vas a comprar comida, mientras cenas con tu familia, en los patrones de juego, en las conversaciones y al celebrar y consolar en los campos de los partidos de fútbol infantil; e incluso en cómo puedas usar tu teléfono mòvil, en tus mejores momentos, para compartir fotos, recetas, citas, chistes, GIF, memes y noticias. Después de leer *El poder del ritual*, llegué a ver cuántos rituales ya estaban presentes en mi vida cotidiana, y me sentí animado.

Las fuerzas sociales, económicas y arquitectónicas, como, por ejemplo, el aumento en la construcción de viviendas unifamiliares, han hecho que ésta sea una época de fragmentación. Hay mucho que condenar al respecto, y lo sentimos en forma del dolor del aislamiento y la soledad; pero hay mucha libertad y promesas en esta fragmentación para la generación de un sentimiento de pertenencia a una comunidad y rituales de una forma más rica y compleja que honre y celebre la diversidad que representa nuestra especie. *El poder del ritual* nos señala esta promesa.

Dacher Keltner
Profesor de psicología, Universidad de California en Berkeley
Director del claustro docente Greater Good Science Center

Introducción

EL CAMBIO DE PARADIGMA

Cuando era adolescente, estaba convencido de que *Tienes un e-mail* era la mejor película de todos los tiempos.

Kathleen Kelly y Joe Fox, interpretados por Meg Ryan y Tom Hanks, se conocen en Internet en los primeros tiempos de las salas de chat de AOL (estamos en 1998: piensa en el tema musical «The Boy is Mine», de la cantante Monica, y en el escándalo sexual de Bill Clinton). Todo lo que saben el uno del otro es que les encantan los libros y la ciudad de Nueva York, y eso es todo. Ni siquiera saben cuáles son sus verdaderos nombres; y a través de los e-mails que se envían el uno al otro, se enamoran. Son honestos el uno con el otro con respecto a sus miedos y esperanzas secretas y su dolor. Comparten todo lo que no les cuentan ni siquiera a sus respectivas parejas. Esto es lo mejor del anonimato en Internet: sentirse íntimamente conectado y, al mismo tiempo, completamente seguro.

Y estar conectado y seguro eran dos cosas que yo no sentía en absoluto.

Yo era un muchacho gay que viví en un internado inglés junto con cincuenta chicos adolescentes llenos de testosterona. Me sentía como pez fuera del agua. Un vistazo a mi habitación, que compartía con otros tres compañeros, revelaba todo lo que necesitas saber. Al entrar podías ver pósteres de supermodelos semidesnudas y coches de carreras a la derecha, imágenes del grupo musical Slipknot, con sus terroríficas máscaras, a la izquierda, y luego, en mi esquina, una colección completa de los libros de Agatha Christie y bolígrafos de gel de purpurina.

No hace falta decir que no era el primer chico elegido para formar parte del equipo de rugby, o del de fútbol, o de ninguna otra cosa, en realidad (sí que me apunté a un curso de aerobic, rompiendo las barreras para todos los futuros chicos homosexuales de ese colegio, o eso espero, pero ésa es otra historia).

Me sentía solo todo el tiempo. Salía a pasear e imaginaba que era un peluquero, preguntándome a mí mismo en voz alta acerca de cualquier viaje en el que me iba a ir de vacaciones. Intenté congraciarme con los chicos mayores haciéndoles bocadillos de Nutella y pan tostado, como si fuera un babuino intentando mostrar mi sumisión en la sabana (por favor, no me hagáis daño, os traeré comida).

Por lo tanto, podrás imaginar por qué, una película sobre el amor y la conexión significaba tanto para mí. Y es importante decir que (¡cuidado, *spoiler!*), de hecho, los dos personajes de *Tienes un e-mail* no se conocen hasta el final, que es mi escena menos favorita. La película tiene que ver con la *promesa* de amor y conexión, más que con la experiencia real de esas sensaciones. Anhelaba ese tipo de conexión, y una pequeña parte de mí confiaba lo suficiente en el universo para saber que quizás, un día, idealmente en el glamuroso Manhattan, podría encontrar mi propia versión de un multimillonario del sector editorial que tuviera un perro llamado Brinkley.

He vuelto a ver *Tienes un e-mail* muchas veces, pero ahora representa, para mí, mucho más que una película, ya que la he convertido en algo mucho más significativo. Tengo unos rituales muy concretos sobre cuándo y cómo verla (siempre solo y siempre con una tarrina de helado de praliné y vainilla de Häagen-Dazs). No se trata de una película de «Bueno, ¿qué vamos a ver hoy?», sino un filme de tipo «Me siento solo y perdido, y necesito todo de lo que dispongo para salir de esta depresión». Ciertos diálogos están grabados en mi mente como los mantras. Los personajes son los emblemas de cómo quiero ser (o no ser) en el mundo. Mientras para la mayoría de la gente es, simplemente, una comedia romántica más, para mí *Tienes un e-mail* es sagrada.

Eso es en lo que consiste este libro: tomar las cosas que hacemos cada día y añadirle capas de significado y rituales, incluso a experiencias tan mundanas como leer o comer, pensando en ellas como en prácticas espirituales. Después de más de media década de investigación y miles de conversaciones con gente de todo EE. UU, estoy convencido de que nos encontramos en medio de un cambio de paradigma. Lo que solía mantenernos unidos a una comunidad ya no funciona. Las ofrendas espirituales del pasado ya no nos ayudan a medrar; y al igual que les pasaba a los astrónomos de siglo XVI, que tuvieron que redefinir el universo situando al Sol en el centro del sistema solar, nosotros debemos reconsiderar, en esencia, qué significa que algo sea sagrado. Los cambios de paradigma como éste se dan por dos razones. La primera es porque aparecen nuevas pruebas que refutan las suposiciones que se sostenían anteriormente (piensa en cómo *El origen de las especies*, de Charles Darwin, transformó nuestra forma de entender la biología evolutiva y la precisión histórica de la Biblia, por ejemplo). La segunda es porque las antiguas teorías se vuelven irrelevantes para las nuevas preguntas que la gente empieza a hacerse. Y eso es lo que está sucediendo en la actualidad. En esta época de rápidos cambios religiosos y en las relaciones, está surgiendo un nuevo panorama de búsqueda de sentido y de comunidad, y las estructuras tradicionales de la espiritualidad están luchando para estar al día con respecto al aspecto que tiene nuestra vida.

He escrito este libro para ayudarte a reconocer las prácticas de conexión de las que ya dispones: los hábitos y las tradiciones que ya están dentro de ti que pueden incrementar tu experiencia del sentido, de la reflexión, de tu santuario y de la alegría: quizás en una clase de yoga, o leyendo tus libros favoritos, observando una puesta de sol, creando arte o encendiendo velas. Puede que sea a través del levantamiento de pesas, el excursionismo por senderos en plena naturaleza, la meditación o bailando y cantando con otras personas. Sea lo que sea, empezaremos afirmando, aquí, que esas cosas son dignas de nuestra atención, y nos daremos cuenta de cómo constituyen un cambio cultural más amplio en la forma en la que desarrollamos conexiones con aquello que más importa.

Las tradiciones religiosas que se suponía que tenían que servirnos han fracasado frecuentemente. Lo peor es que muchas nos han excluido de forma activa. Por lo tanto, necesitamos dar con un camino a seguir. Recurriendo a lo mejor que ya había antes, podemos encontrarnos en medio de la historia emergente sobre lo que significa vivir profundamente conectado. Incluso aunque no abracemos creencias religiosas concretas, las prácticas que examinaremos en este libro, tanto se trate de rituales cotidianos como de tradiciones anuales, pueden, colectivamente, construir nuestra vida espiritual contemporánea. Estos dones y su sabiduría se han transmitido a lo largo de generaciones. Ahora ha llegado nuestro turno de interpretarlas. Aquí y ahora. Tú y yo.

Estoy muy contento de que estemos juntos en esto.

«El CrossFit es mi Iglesia»

He pasado los últimos siete años estudiando la idea de que el simple hecho de que la gente esté abandonando la Iglesia no quiere decir que sea menos espiritual. Como miembro del Departamento de Innovación en el Clero de la Facultad de Teología de la Universidad de Harvard, he estudiado el paisaje cambiante de la religión estadounidense con mi colega Angie Thurston. Publicamos «How We Gather» (Cómo nos juntamos),[1] un artículo que documentaba cómo la gente está creando comunidades de sentido en el ámbito laico, llevando a cabo, en esencia, las funciones gestionadas históricamente por las instituciones religiosas tradicionales. Ese artículo ha sido elogiado por obispos y por el antiguo director ejecutivo de Twitter, ya que hemos gozado de la oportunidad de hacer planes y conectar con los líderes de las comunidades más innovadoras y los creadores de sentido.

A lo largo de cientos de entrevistas, visitas a páginas web y muchas lecturas, Angie y yo hicimos un seguimiento de comunidades laicas que parecían estar haciendo cosas religiosas. Independientemente de a dónde fuéramos y con quién habláramos, se convirtió en nuestro hábito preguntar: «¿Así pues, a dónde acudís para encontrar la comunidad o hermandad?».

Una y otra vez, las respuestas nos sorprendieron. November Project (un grupo de ejercicio gratuito y abierto al público fundado en Boston, Massachusetts). Groupmuse (una Plataforma de Internet que pone en contacto a intérpretes de música clásica con público de un

---

1. «How We Gather», https://sacred.design/insights

vecindario o localidad mediante «conciertos/fiestas en casa»). Cosecha (un movimiento que lucha por la protección, dignidad y respeto permanentes para todos los inmigrantes). Tough Mudder (una serie de eventos de resistencia en la que los participantes se enfrentan a carreras de obstáculos de entre dieciséis y diecinueve kilómetros). Camp Grounded (campamentos para adultos en los que están prohibidos el alcohol y las drogas, no se puede usar el nombre real y se deben dejar todos los dispositivos tecnológicos a la entrada). Sin embargo, la respuesta que de verdad me dejó confundido fue la del CrossFit.

La gente no hablaba de ello simplemente como si se tratara de su comunidad. «El CrossFit es mi Iglesia» se convirtió en un refrán. Cuando entrevistamos a Ali Huberlie, que entonces era estudiante en la Escuela de Negocios de Harvard, dijo: «Mi *box* [gimnasio] de CrossFit lo es todo para mí. He conocido a mi novio y a algunos de mis mejores amigos gracias al CrossFit... Cuando empezamos a buscar un apartamento esta pasada primavera, nos centramos de inmediato en el vecindario más cercano a nuestro *box* de CrossFit, pese a que eso haría que nuestro desplazamiento cotidiano al trabajo fuese más largo. Lo hicimos porque no podíamos soportar abandonar nuestra comunidad. En nuestro *box* tenemos a bebés y a niños pequeños gateando por todas partes, y ha sido una experiencia maravillosa ver crecer a esos pequeñajos».

«El CrossFit es familia, risas, amor y comunidad. No puedo imaginarme mi vida sin la gente a la que he conocido gracias a él». En el gimnasio (o *box*, como se llama en el mundillo del CrossFit) de Ali, la gente se reúne los viernes por la noche para ir a tomar una copa, además de quedar cinco o seis veces por semana para entrenar juntos. En la otra punta de la ciudad, en un *box* afiliado, hay un grupo de madres gestantes, y el gimnasio celebra una noche de talentos en la que los miembros prueban con monólogos humorísticos o tocan el violoncelo por primera vez en veinte años.

El cofundador, Greg Glassman, nunca se propuso crear una comunidad, pero ha aceptado el papel de líder cuasi espiritual con los brazos abiertos. En una entrevista con nosotros en la Facultad de Teología de la Universidad de Harvard, explicaba: «Nos preguntaban, una y otra vez: "¿Sois un culto?", y al cabo de un rato me di cuenta de que quizás lo fuéramos. Esta es una comunidad activa, que suda, cariñosa y que respira. No es un insulto que a un practicante de CrosssFit le digan que forma parte de un culto. Disciplina, honestidad, valentía, responsabilidad: lo que aprendes en el gimnasio también constituye un entrenamiento para la vida. El CrossFit hace que la gente sea mejor». Sus observaciones suenan a veces totalmente religiosas. «Somos los administradores de algo», decía. Pese a que CrossFit es una compañía privada, él piensa que su papel de liderazgo es claramente sacerdotal: habla sobre «cuidar de un rebaño» y «ocuparse de un huerto de árboles frutales» de gimnasios de CrossFit. Y el rebaño responde: le llama, simplemente, entrenador o *coach*.

Quizás esto no debería habernos sorprendido. Después de todo, el CrossFit es conocido por su fanático proselitismo. Al enviar una solicitud para abrir un *box*, se pide a los entrenadores que asistan a un seminario de dos días de duración y que escriban una redacción sobre por qué quieren abrir un gimnasio. Lo que la sede central busca en estas redacciones no es la destreza empresarial del solicitante, las habilidades como entrenador o su nivel de forma física: el ingrediente clave es si su vida se ha visto cambiada por el CrossFit y si el solicitante quiere cambiar la vida de otras personas con el CrossFit. Es así de sencillo (compara eso con cinco años de estudios rabínicos o tres años en la facultad de teología). El tono proselitista o evangélico no consiste sólo en conseguir un cuerpo sexy: la misión es mucho mayor. El CrossFit es una estrategia que salva vidas, de acuerdo con el *coach* Greg. «Trescientos cincuenta mil estadounidenses morirán el año que viene por estar todo el día sentados en el sofá. Eso es peligroso. La televisión es peligrosa. Hacer sentadillas no lo es». Glassman está, en especial, en guerra con la industria estadounidense de los refrescos. Como los índices de diabetes siguen aumentando y como Coca-Cola y PepsiCo financian investigaciones públicas sobre la salud que minimizan el impacto de una dieta hipercalórica, Glassman considera a la industria de los refrescos como la próxima frontera del crimen organizado. En efecto, el CrossFit se está implicando y comprometiendo cada vez más. En el sur de California, los líderes de gimnasios invitaron a un político local a celebrar mítines en sus vecindarios, uniendo fuerzas para enfrentarse a la industria de los refrescos. A nivel de Estados Unidos, CrossFit también está afiliado a una red de gimnasios sin ánimo de lucro que respalda a la gente en su viaje de recuperación de las adiciones.

Lo que resulta todavía más sorprendente, y de forma muy parecida a las congregaciones religiosas, es que CrossFit ha dado con una forma de honrar a sus miembros fallecidos: en concreto a socios que han muerto en acto de servicio, como miembros del ejército, policías y bomberos. Y no sólo se trata de nombrarlos: sus recuerdos están encarnados en la combinación de *burpee*s, levantamientos de pesas y dominadas que constituyen un Entreno del Día que los socios de CrossFit practican fielmente en todo el mundo. El antiguo presentador de CrossFit en televisión Rory Mckernan introdujo un entrenamiento llamado «the Josie» en honor al subjefe de policía de Estados Unidos Josie Wells, que falleció mientras intentaba entregar una orden judicial a un sospechoso de un doble asesinato en Baton Rouge (Luisiana). Mckernan presenta el entrenamiento dedicado a este héroe en un vídeo en el que dice: «Pronunciad su nombre. Comprended lo que hizo. Pensad en dar la vida en el cumplimiento de algo mayor que vosotros mismos, y lo que eso significa para los que quedaron en el camino. Y hacedlo antes de iniciar el entrenamiento. Os prometo que transformará la manera en la que os enfrentaréis a él. Descansa en paz, amigo mío».

Con otras quince mil comunidades por todo el mundo, este fenómeno era algo a lo que Angie y yo debíamos prestar atención. E incluso aunque la gente que se iniciaba en el CrossFit solía ir para perder peso o desarrollar su musculatura, lo que hacía que siguiera regresando era la comunidad tan comprometida e involucrada.

El CrossFit era el ejemplo más sorprendente y extendido de gente construyendo una comunidad que recordaba a las tradiciones religiosas, pero no era la única. Otras comunidades dedicadas a la buena forma física, como Tough Mudder,[2] tenían unas características similares. En Tough Mudder, una comunidad de gente que se reúne para superar un circuito con obstáculos complejos (y que generalmente está cubierto de barro), sus líderes no temen en absoluto las comparacio-

---

2. El nombre de este evento hace referencia a que es duro y difícil («tough» en inglés) y que hay mucho barro («mud» en inglés). (*N. del T.*)

nes religiosas. Su fundador, Will Dean, explicó en *Fast Company* (una revista de negocios estadounidense) en 2017 que las carreras Tough Mudder son «como la peregrinación, como las grandes festividades anuales como las Navidades y la Semana Santa. Pero también tenemos el gimnasio, que se convierte en la iglesia local, el centro en el que se reúne la comunidad. Dispones de los medios, que es un poco como rezar. Además tenemos la vestimenta, que es un poco como llevar tu crucifijo o tu pañuelo para la cabeza o cualquier otro tipo de prenda religiosa».

Pese a ello, las comunidades para mantenerse en buena forma física no son la única forma que la gente está encontrando y con la que explora cuestiones relacionadas con la pertenencia. Los grupos que reúnen a gente en torno a juegos y las artes creativas también constituían espacios para desarrollar una comunidad. En Artisan's Asylum (Asilo de los Artesanos), un espacio para creadores en Somerville (Massachusetts), se ha formado una comunidad de artistas, artesanos, reparadores, joyeros, creadores de robots, capitanes de bicicletas mutantes que parecen naves espaciales, ingenieros, diseñadores y más. El espíritu creativo que circula por ese espacio está encarnado en la generosidad de los miembros que se enseñan, los unos a los otros, cómo emplear máquinas o materiales con los que no están familiarizados. Una lista de correo activa ayuda a conseguir piezas difíciles de encontrar y ayuda a empezar a los nuevos artesanos. Una mujer compartió que quería hacer un complejo disfraz de mariposa para Halloween para su hija pequeña que incluyera luces que se encendieran y apagaran. Al cabo de horas, los materiales que necesitaba estaban en la puerta de su casa y un creador muy habilidoso estaba listo para orientarla a lo largo de todo el proceso. En el Día de Acción de Gracias, toda la comunidad se reúne para organizar una comida en la que cada invitado trae un plato a la que llaman Día de Acción de los Creadores, en la que sus creaciones adornan las largas mesas al lado de recetas caseras. Pero Artisan's Asylum se ha convertido en algo más que una comunidad. Es el lugar al que la gente va para convertirse en la persona que quiere ser. Aprender una nueva habilidad, como la soldadura, proporciona a los miembros la confianza para probar algo nuevo como la improvisación o cantar. Convertirse en el mentor de alguien novato en un tipo de artesanía moldea el cómo se ven los miembros a sí mismos en el mundo; y como el espacio está abierto las veinticuatro horas del día y los miembros sufren de precariedad en temas de vivienda, toda la comunidad se ha involucrado mucho en proponer al gobierno municipal unas mejores condiciones de vivienda pública. No es difícil detectar los paralelismos de esta congregación.

Después de un año y medio de entrevistas y de observación de los participantes, Angie y yo estuvimos preparados para compartir lo que habíamos aprendido en nuestro artículo «How We Gather». Vimos que los espacios laicos no sólo ofrecen a la gente una conexión de formas similares a como lo hacían las instituciones religiosas en el pasado, sino que también proporcionaban otras cosas que satisfacían un objetivo espiritual. Las comunidades que hemos estudiado ofrecían a la gente oportunidades para la transformación personal y social, aportaban la oportunidad de ser creativo y aclarar su propósito y proporcionaban estructuras de responsabilidad y de conexión con la comunidad.

Y como los líderes de estas comunidades se convirtieron en personas de confianza y respetadas, los miembros de la comunidad acudían a ellos en relación con las grandes preguntas y transiciones de la vida. Oímos hablar de bodas y funerales oficiados por instructores de yoga y profesores de clases de arte, sobre gente que era aconsejada tras un diagnóstico médico o una ruptura sentimental por líderes más expertos en *fitness* que en asuntos más delicados del corazón y el alma. Un instructor de SoulCycle (una empresa de *fitness* que ofrece clases de ciclismo *indoor* y *spinning* en Estados Unidos, Canadá y el Reino Unido) recordó haber recibido un mensaje de texto una tarde de domingo de una de sus ciclistas habituales en el que simplemente le decía: «¿Debería divorciarme de mi marido?». De todos modos y sin ninguna educación reglada ni preparación para gestionar estas transiciones cruciales en la vida, los líderes de estas comunidades lo hicieron lo mejor que pudieron. Las comunidades se reunían para ayudar a los miembros que estaban enfermos llevándoles comida, recaudando dinero para visitas al hospital y acompañándoles a sus citas con los médicos. Cada vez más, y pese a que no parecían congregaciones tradicionales en absoluto, vimos cómo los viejos patrones propios de las comunidades estaban encontrando nuevas expresiones en un contexto actual.

Lo que estudiar estas comunidades modernas me enseñó es lo siguiente: estamos construyendo vidas de sentido y conexión fuera de los espacios religiosos tradicionales, pero hacerlo sobre la marcha, a medida que avanzamos, sólo puede hacernos avanzar hasta un cierto punto. Necesitamos ayuda para fundamentar y enriquecer esas prácticas; y si somos lo suficientemente valientes para echar un vistazo, es en las antiguas tradiciones donde encontramos increíbles conocimientos y creatividad que podemos adaptar para nuestro mundo actual.

Por qué importa esto

Darse cuenta de estos cambios en el comportamiento de la comunidad no es simplemente interesante, sino que también es importante. En medio de una crisis de aislamiento, en la que la soledad conduce a la muerte debido a enfermedades de la desesperación, estar verdaderamente conectado no es un lujo, sino un salvavidas.

Los índices de aislamiento social están disparándose hasta niveles enormes. Cada vez más de nosotros somos solitarios y somos incapaces de conectar con otras personas de la manera que anhelamos. Un artículo publicado en 2006 en la revista *American Sociological Review* documenta cómo el número medio de personas con las que los estadounidenses dicen que pueden hablar de cosas importantes bajó de 2,94 en 1985 a 2,08 en 2004. En esencia, cada uno de nosotros hemos perdido a alguien que nos pudiera cuidar cuando más lo necesitábamos, y esa cifra incluye a miembros de la familia, además de cónyuges y amigos. Nuestro tejido social se está deshilachando.

Los funcionarios de salud hablan ahora del aislamiento social como una epidemia. Cuando el doctor Vivek Murthy pasó por su proceso de confirmación para convertirse en el decimonoveno director general de Salud Pública de Estados Unidos en 2014, le preguntaron qué problemas de salud esperaba poder abordar en especial. En una entrevista para la organización internacional de noticias Quartz, explicó que «no enumeró la soledad en esa prioridad porque no lo era en esa época». Pero mientras viajaba por todo el país, conoció a mucha gente que le explicaba historias de sus batallas con las adicciones y la violencia, con enfermedades crónicas como la diabetes y con trastornos mentales como la ansiedad y la depresión. Independientemente de cuál fuera el problema, el aislamiento social lo empeoraba. «Lo que frecuentemente no se mencionaba eran estas historias de soledad, que tardarían tiempo en salir a la superficie. No decían: «Hola, soy John Q y estoy solo». Lo que decían era: «He estado batallando con esta enfermedad, o mi familia está luchando contra este problema», y cuando profundizaba un poco acababa saliendo a la superficie». La desconexión amarga las cosas dulces de la vida y hace que cualquier dificultad resulte prácticamente insoportable. De hecho, los índices de suicidio están en sus niveles más altos en treinta años.

Los datos son claros. En un metaanálisis trascendental de más de setenta estudios, la doctora Julianne Holt-Lunstad demostró que el aislamiento social es más pernicioso que fumar quince cigarrillos diarios o ser obeso. Holt-Lunstad concluye, en su artículo de 2018 para la revista *American Psychologist*, que «puede que no haya otros aspectos que puedan tener un impacto tan grande en la duración de la vida y la calidad de la misma desde el momento del nacimiento hasta la muerte» como los contactos sociales.

Aunque nuestra cultura frecuentemente ensalza la importancia de cuidarse, necesitamos, desesperadamente, cuidados comunitarios. Sin ellos, el impacto del aislamiento social se manifiesta de numerosas formas. Resulta más difícil encontrar trabajo. Perdemos la costumbre de conservar hábitos saludables. Y en casos de olas de calor o de tormentas extremas es más probable que nuestros vecinos se olviden de nosotros y que perezcamos.

De forma perversa, cuando nos sentimos muy lejos los unos de los otros, nuestro cerebro ha evolucionado no para fomentar la conexión, sino, en lugar de ello, para luchar por la supervivencia. La doctora Brené Brown, experta en vulnerabilidad y empatía, explica en su libro *Desafiando la tierra salvaje*: «Cuando nos sentimos aislados, desconectados y solos, intentamos protegernos. Estando en ese modo queremos conectar, pero nuestro cerebro está intentando anular la conexión reemplazándola por la supervivencia. Eso significa menos empatía, más autoprotección, más entumecimiento y menos sueño… La soledad no controlada alimenta la soledad continuada manteniéndonos asustados de pedir ayuda». Mi marido y yo llamamos a esto entrar en la espiral de la fatalidad, en la que una cosa lleva a la otra y al poco tiempo parece imposible salir.

Una vez que nos encontramos en la espiral de la fatalidad, nuestro cerebro intenta, desesperadamente, contrarrestar la pérdida de contacto social, pero se encuentra con dificultades para hacer esto por su cuenta. En su trascendental libro *Desbordados: Cómo afrontar las exigencias psicológicas de la vida actual*, el doctor Robert Kegan, psicólogo del Desarrollo de la Universidad de Harvard, explica: «La carga mental propia de la vida actual puede que no consista en nada menos que en la extraordinaria exigencia cultural de que cada persona, en su edad adulta, genera internamente un nivel de conciencia comparable al que, generalmente, sólo se encontraría a escala de la inteligencia colectiva de una comunidad». Por expresarlo de forma sencilla, necesitamos recrear toda la red de apoyo de una localidad en nuestro cerebro, y hacerlo solos, y esto va mucho más allá del respaldo físico e incluso de la salud mental. «Nos sentimos solos a nivel de nuestra propia alma», escribe Kegan.

Pero a pesar de las nefastas advertencias que aportan estas estadísticas, hay esperanza. Las soluciones son antiguas y están a todo nuestro alrededor. Tanto en lo relativo a nuestra alegría como a nuestra salud, podemos intensificar nuestras relaciones existentes con el mundo que tenemos a nuestro alrededor y los unos con los otros. Podemos hacer crecer de nuevo esas relaciones que hemos dejado que se marchiten. Podemos ser los unos la medicina de los otros.

He aprendido que la desconexión tiene que ver con algo más que con nuestro bienestar físico y emocional. Nuestro espíritu también sufre. Sin unas relaciones ricas ni un sentido de conexión con algo mayor que nosotros mismos, las ocasiones que podrían tener el máximo significado en nuestra vida parecen más vacías. A medida que nos encontramos con los momentos importantes de la vida (bodas, nacimientos, funerales), solemos sentirnos perdidos en lo tocante a cómo marcarlos sin los rituales que antaño manteníamos con la religión. Piensa en la historia de Cheryl Strayed en su libro de memorias *Salvaje*, sobre cómo ella, sin una educación religiosa, no supo qué hacer cuando su madre falleció. ¿Qué sucedería en el funeral? ¿A quién podría acudir en busca de ayuda durante su duelo? Generaciones anteriores a la nuestra han recurrido a la Iglesia o el templo durante esos momentos: el sacerdote o el rabino dirigían la ceremonia del funeral, los miembros de la congragación organizaban servicios de comida a domicilio para la familia y todo estaba bajo control. Todos nosotros sabríamos qué hacer, pero ¿qué sucede en la actualidad? Al igual que le pasó a Strayed, nos vemos sobrepasados. Sin claridad sobre qué hacer cuando nos encontremos con estos hitos, dejamos que pasen, incapaces de vivirlos con todo el corazón.

Más que eso, el número de ocasiones que consideramos que son dignas de un ritual son embarazosamente bajas. Me sorprende que, a medida que el estrés y el coste de las bodas ha aumentado, el número de otros rituales y celebraciones haya descendido. Si ya no celebramos la primavera o la época de las cosechas o la mayoría de edad de la gente joven, ¿acaso es de sorprender que nuestro apetito humano por encontrar sentido se vea incrementado en ese día concreto *de nuestra vida* en el que estamos activamente implicados con el diseño de una experiencia ceremonial?

Lo que propongo es lo siguiente: mediante el compostaje de rituales antiguos para satisfacer nuestras necesidades en el mundo real, podemos hacer crecer de nuevo unas relaciones más profundas y hablarle a nuestro apetito por el sentido y la profundidad.

Pero ¿por qué nos encontramos en este caos? Necesitamos comprender los patrones, que definen esta era, del declive religioso en el que nos hallamos y lo que ese declive significa para nuestras vidas

El ascenso de los «Ningunos»

Se ha escrito mucho sobre el declive de la religión y el ascenso de los llamados «Ningunos» (gente que marca la opción «Ninguna de la anteriores» cuando le preguntan acerca de su identidad religiosa). Mientras hace casi un siglo los estadounidenses asumían que prácticamente toda la gente de su entorno pertenecía a una confesión religiosa (católica, presbiteriana, judaísmo reformista, Iglesia Episcopal Reformista Africana, cuaquerismo), en la actualidad, muchos de nosotros abarcamos múltiples de estas identidades o no tenemos ninguna en absoluto. Puede que crecieras con un padre hinduista y una madre judía, que celebraras tanto la Pascua como el Diwali y que ahora te encuentres practicando un poco de ambas. O puede que tus padres, anteriormente metodistas, te llevaran a una catequesis episcopaliana durante algunos años antes de que la Iglesia fuera quedando en segundo plano en la vida familiar. O puede que, como yo, no fueras educado en ninguna creencia concreta, pero que celebraras las fiestas populares y tuvieras una mezcla de rituales y tradiciones familiares. Independientemente de dónde te encuentres en este espectro, formas parte de las arenas movedizas de la identidad y la práctica religiosa. El porcentaje de estadounidenses que se describen como ateos, agnósticos o «nada en particular» ha crecido hasta el 26 %, y datos de 2019 de la General Social Survey (una encuesta sociológica creada y recopilada regularmente desde 1972 por el Centro Nacional de Investigación de Opinión de la Universidad de Chicago) sugieren que los «Ningunos» son ahora tan numerosos como los evangélicos y los católicos en Estados Unidos.

Como era de esperar, esta tendencia es más pronunciada entre la gente joven. Entre los *millennials* (los nacidos entre 1980 y 1995), la cifra es el 40 %, de acuerdo con un sondeo del Pew Research Center publicado en 2019. Los datos de las investigaciones también sugieren que cada nueva generación es menos religiosa que la anterior. Una encuesta del Barna Group (una empresa de encuestas cristiana evangélica con sede en Ventura, California) de 2018 reveló que el 13 % de la generación X se considera atea: más del doble del valor del 6 % del total de los adultos estadounidenses; pero la tendencia hacia la desafiliación es válida para cada grupo de edad. En 2014, casi uno de cada cinco *boomers* (17 %) eran «Ningunos», y casi uno de cada cuatro miembros de la generación X (23 %) encajaban en la misma clasificación. Todo esto da como resultado unos cambios enormes en nuestra infraestructura religiosa. Por ejemplo, Mark Chaves, un sociólogo de la Universidad de Duke, ha estimado que más de tres mil quinientas iglesias cierran sus puertas cada año.

Por supuesto, Estados Unidos no están solos en cuanto a esta tendencia. En Europa, el panorama es todavía más oscuro. Una encuesta realizada en 2017 por el British National Centre for Social Research

(Centro Nacional Británico de Investigaciones Sociales) reveló que el 71 % de la gente de entre dieciocho y veinticuatro años se consideraba no-religiosa, mientras que la asistencia a la iglesia en el Reino Unido se ha reducido de casi un 12 % a un 5 % entre 1980 y 2015.

Una vez más, con esto no queremos decir que estemos volviéndonos menos espirituales *per se*, pero los datos sí nos dicen que *la forma* en la que implicamos a nuestra espiritualidad está cambiando.

Puede que sea de utilidad pensar en el anhelo humano que conduce hacia la cultura religiosa como en algo semejante a la música y la industria musical, que se ha visto enfrentada a enormes dificultades en los últimos veinte años, con las ventas de CD en caída libre durante buena parte de las décadas de 2000 y de 2010. No obstante, nuestro amor por la música persiste. Décadas después de la crisis provocada por la tecnología, los ejecutivos de esta industria han descubierto un nuevo modelo de negocio: la combinación de las suscripciones en las plataformas de *streaming* con las ventas de vinilos, que se encuentran en su máximo en catorce años. Lo mismo está sucediendo con nuestra vida espiritual: una mezcla de innovación acelerada y una tradición rica. La asistencia a las congregaciones es baja, pero nuestro deseo de pertenecer una comunidad y de sentido sigue ahí. La afiliación formal se está reduciendo, pero millones de personas están descargándose aplicaciones para la meditación y asistiendo a retiros de fin de semana. Además, encuentran lecciones espirituales y alegrías en lugares completamente «no religiosos» como clases de yoga, la poesía de Cleo Wade y Rupi Kaur, y en grupos de acompañamiento como Alcohólicos Anónimos y Dinner Party (un grupo de apoyo para el duelo, con participación de la comunidad, para veinteañeros y treintañeros). Los conciertos en estadios y el karaoke reemplazan a los cantos en una congregación, y los *podcasts* y las barajas de tarot sustituyen a los sermones o a las enseñanzas de la sabiduría.

En su libro *Choosing Our Religion*, Elizabeth Drescher explica que nosotros, los «Ningunos», consideramos nuestra vida espiritual como algo orgánico y emergente y que responde a la gente que tenemos a nuestro alrededor en lugar de estar estructurada en categorías dogmáticas de creencia e identidad. Dicho de otra forma, es menos probable que nos afiliemos a una institución que nos asociemos con otra persona. Consideramos que las instituciones religiosas están dominadas por la hipocresía y la codicia, el criticismo y el abuso sexual, la ignorancia anticientífica y la homofobia. La gente también deja atrás a las comunidades religiosas porque las experiencias de adoración son simplemente aburridas o poco originales. Lo que me resulta más interesante es que somos especialmente recelosos de una identidad religiosa que amenaza con «sobrescribir nuestra propia identidad de formas que parecen poner en peligro la integridad y la autenticidad personal», tal y como escribe Drescher. Todo esto hace que nos pongamos nerviosos tan sólo por reconocer que podríamos tener una vida espiritual. Reveladoramente, más de la mitad de las más de cien personas entrevistadas por Drescher empleaban las palabras «o lo que sea» siempre que hablaban de algo espiritual en su propia vida.

Así pues, permíteme decirte esto claramente. Sea cual sea la forma en la que expreses tu vida espiritual, es legítima. Si alcanzas lo sagrado en la pista de baloncesto, cocinando o con la artesanía, acurrucándote al lado de tu perro o cantando frente a miles de personas, durante los servicios religiosos del Yom Kippur o en un llamado al altar, mientras estés leyendo estas páginas nunca tendrás la necesidad de decir «o lo que sea», ¿de acuerdo? Puedes pensar en este libro como si te proporcionara tu dosis de confianza espiritual y de permiso social.

Disociar las tradiciones y remezclarlas

Al igual que casi todo lo demás en la cultura actual, la forma en la que comprendemos la religión está moldeada por los cambios tecnológicos que dirigen nuestra vida, especialmente el ascenso a Internet. Las instituciones han perdido nuestra confianza, especialmente aquellas que afirman su experiencia y autoridad; pero tal y como explica Joi Ito, antiguo director del MIT Media Lab (Laboratorio de Medios del Instituto de Tecnología de Massachusetts), en su libro *Whiplash*, del que es coautor junto con Jeff Howe, los sistemas emergentes no están reemplazando a la autoridad. En lugar de ello, lo que está cambiando es la actitud básica con respecto a la información. «Internet ha desempeñado un papel clave en esto, proporcionando una forma para que las masas no sólo sean escuchadas, sino que también se impliquen en el tipo de discusión, deliberación y coordinación que hasta hace poco eran terreno exclusivo de los políticos profesionales».[3]

Descifremos eso. La era de Internet nos ha abierto a la posibilidad de seleccionar y crear nuestras propias prácticas a medida y de fijarnos en nuestros iguales en busca de orientación de forma muy parecida a como haríamos con cualquier profesor o figura de autoridad. Aquí hay dos conceptos clave: disociar y remezclar.

La disociación consiste en el proceso de separar elementos de valor de entre un grupo de ofertas. Piensa en un periódico local. Mientras hace cincuenta años contaba con anuncios clasificados, anuncios personales, cartas al director, un crucigrama que podías resolver mientras te desplazabas diariamente al trabajo y, por supuesto, las noticias propiamente dichas, en la actualidad, sus competidores lo han superado en cada una de estas facetas, haciendo que el periódico cotidiano sea prácticamente obsoleto. Craigslist, Tinder, Facebook, HQ Trivia y las noticias por la televisión por cable nos ofrecen una mayor personalización e implicación y una perfecta inmediatez. El periódico ha sido disociado, y los usuarios finales mezclan su conjunto de servicios favorito. Las noticias impresas están teniendo que encontrar un nuevo valor que sólo ellas ofrecen.

Lo mismo se aplica a nuestra vida espiritual. Hace cincuenta años, la mayoría de la gente de Estados Unidos confiaba en una sola comunidad religiosa para que les ofreciera conexión, llevar a cabo prácticas espirituales, ritualizar momentos de la vida, potenciar la sanación, conectarse con su linaje, inspirar moralidad, albergar experiencias trascendentales, marcar las fiestas, respaldar a la familia, servir a los necesitados, trabajar por la justicia y (a través del arte, las canciones, los textos y la palabra) explicar y volver a contar una historia común para unirla. Si nos remontamos todavía más en el tiempo, las instituciones religiosas también proporcionaban asistencia sanitaria y educación. En la actualidad, todas estas ofertas se han disociado. Parte de la asistencia

---

3. No he pasado por alto la ironía de que fue precisamente la falta de transparencia de Ito lo que dio como resultado su salida del Media Lab en 2019.

sanitaria y la educación son proporcionadas por el Estado, mientras que para aquellos que se lo pueden permitir distintas corporaciones privadas proporcionan el resto. Las celebraciones estacionales comunales han pasado a ser los eventos deportivos, como la Super Bowl, celebraciones nacionales como el Cuatro de Julio y el Día de Acción de Gracias, y sólo permanece un pequeño número de momentos religiosos culminantes, principalmente la Navidad. ¿Y qué hay de los rituales de las transiciones en la vida? Principalmente las llevamos a cabo con nuestros amigos a medida que avanzamos por la vida, si disponemos de suficiente tiempo y energía para ello.

Podemos practicar la introspección usando una aplicación para la meditación como Headspace o Insight Timer, encontrar momentos extáticos de conexión en un concierto de Beyoncé, e ir a practicar senderismo para encontrar calma y belleza. Nos marcamos nuestras intenciones en clases de *spinning* y tomamos notas de agradecimiento en nuestro diario de gratitud. Expresamos nuestra conexión con nuestros antepasados a través de los platos que cocinamos, nos sentimos parte de algo mayor que nosotros mismos en una protesta o en un desfile del Orgullo Gay. Nuestro núcleo o nuestra alma necesitan introspección, experiencias extáticas, belleza, sentir que formamos parte de algo mayor que nosotros mismos: estas cosas han existido desde hace milenios. Sin embargo, la forma en la que generamos estas experiencias varía a lo largo del tiempo. El punto en el que las instituciones religiosas se han equivocado, tal y como podría exponerlo el experto en innovación Clayton Christensen, consiste en que se han enamorado de una solución concreta en lugar de evolucionar continuamente para satisfacer la necesidad.

Mientras tanto, hay un número creciente de hogares con una mezcla de religiones. Antes de la década de 1960 sólo el 20 % de las parejas casadas eran de credos religiosos distintos, mientras que en la primera década de este siglo, más del 45 % se encontraban en esta situación, según la periodista Naomi Schaefer Riley. El decano de la Facultad de Teología de la Universidad de Harvard, David Hempton, etiqueta este fenómeno con el nombre de «trenzado». El profesor judío Zalman lo llama «unir con un guion». El gurú del marketing Bob Moesta se refiere a ello como «remezcla». Independientemente de cómo lo llamemos y sin importar cómo se resistan a ello las instituciones religiosas, está sucediendo, y no sólo en Estados Unidos.

La antropóloga Satsuki Kawano describe cómo los japoneses han sido sintoístas y budistas al mismo tiempo durante décadas, practicando elementos de ambas tradiciones sin considerarse necesariamente miembros de ninguna de estas dos religiones. En su libro *Ritual Practice in Modern Japan*, explica que el Estado japonés ha intentado separar las dos religiones pero que, a pesar de sus esfuerzos, las dos siguen estando profundamente entrelazadas. Ha habido tensiones y conflictos a lo largo de las décadas, pero ninguna guerra de religión ni esfuerzos por eliminarse la una a la otra. Ciertamente, las tradiciones sintoísta y budista han interaccionado, y han florecido teologías enteras que integran a las dos. «Como resultado de ello», escribe, «la influencia mutua ha dado lugar a una orquestación e integración de prácticas nativas y extranjeras que se han adaptado a las costumbres locales sin eliminar por completo las distinciones entre las dos tradiciones». Uno podría ir a un santuario sintoísta a casarse y para las celebraciones infantiles, pero celebrar su funeral en un templo budista, por ejemplo.

Sin embargo, a medida que nos beneficiamos de la disociación y la remezcla entre tradiciones que nos permiten cada vez una mayor personalización, nos encontramos con que compartimos cada vez menos los unos con los otros. Quedamos aislados y anhelamos la conexión.

Cuatro niveles de conexión

Al igual que yo, puede que hayas sido educado sin un trasfondo religioso, o puede que nacieses en el seno de una identidad que no acaba de encajar contigo. Puede que seas ateo, agnóstico, que te encuentres en el borde de tu tradición o tradiciones, que seas espiritual pero no religioso, que estés insatisfecho con tu hogar espiritual, o que simplemente no estés seguro. Independientemente del idioma que emplees para describirte, has estado improvisando tu vida espiritual y ansías algo auténtico, algo con más significado, algo más profundo.

El objetivo de este libro consiste en mostrarte cómo puedes transformar tus hábitos cotidianos en prácticas que generen una base sagrada para tu vida. Compartiré algunas herramientas antiguas redefinidas para la cultura actual, y te explicaré algunas historias sobre otras personas que nos están mostrando un camino a seguir.

La conexión profunda no consiste sólo en las relaciones con otras personas, sino que tiene que ver con sentir la plenitud de estar vivo. Trata sobre estar rodeado de múltiples capas de pertenencia en nuestro interior, entre nosotros y a nuestro alrededor. Este libro es una invitación para profundizar en tus rituales de conexión a través de cuatro niveles:

- Conectar contigo mismo
- Conectar con la gente que tienes a tu alrededor
- Conectar con la naturaleza
- Conectar con lo trascendente.[4]

Cada capa de conexión fortalece a la otra, de modo que cuando nos sentimos profundamente conectados a través de los cuatro niveles es como si nuestros días se viesen sostenidos en el interior de una rica celosía de sentido. Tenemos la capacidad de ser más amables y más indulgentes. Sanamos. Crecemos.

Y cada una de estas capas está arraigada en conocimientos de muchas de las tradiciones de sabiduría del mundo. Durante miles de años, esas tradiciones han mantenido a las comunidades unidas, han ayudado a la gente a hacer el duelo por sus pérdidas y a celebrar las alegrías. Los grandes mitos del mundo nos ayudaron a encontrarle sentido moral al caos y la catástrofe. Incluso aunque estemos un poco nerviosos por involucrarnos en las tradiciones, éstas tienen mucho que enseñarnos.

Por supuesto, algunas cosas han cambiado desde que estas tradiciones antiguas se instauraron. Ya no necesitamos mitos para explicar cómo el sol sale y se pone, de dónde venían las inundaciones y qué

---

4. Estoy en deuda con Sarah E. Koss y Mark D. Holder por su definición de espiritualidad como «un sentimiento de conexión a algo mayor que uno mismo que se experimenta mediante el cultivo de una relación con uno mismo, con nuestro entorno, con nuestra comunidad y con nuestra percepción de lo trascedente», que, en parte, inspiró la estructura de este libro.

hay bajo la tierra. En lugar de ello tenemos nuevas preguntas. ¿Cómo podemos encontrar reposo de verdad en un mundo estresado que está en funcionamiento las veinticuatro horas del día y los siete días de la semana? ¿Cómo podemos recordar nuestra «suficiencia» en una economía que siempre aboga por conseguir más? ¿Cómo cultivamos nuestro valor para enfrentarnos a la injusticia?

En el capítulo 1 examinaremos dos prácticas cotidianas que nos ayudan a conectar con nuestro yo auténtico: la lectura sagrada y el *sabbat*. El capítulo 2 propone comer y hacer ejercicio juntos a modo de dos herramientas sagradas para ayudarnos a conectar profundamente con otras personas. El capítulo 3 se centra en redefinir la peregrinación y el calendario litúrgico para que nos conecten de forma más íntima con la naturaleza, y el capítulo 4 explora qué aspecto podría tener el conectar con lo divino mediante la redefinición de la oración y la participación en un grupo pequeño y regular de apoyo y responsabilidad. Por último, el capítulo 5 supone un recordatorio de que todos hemos nacido, inherentemente, con un sentido de pertenencia a un grupo. Las prácticas que aparecen en este libro son, simplemente, las herramientas para ayudarnos a recordar.

He escrito este libro porque, aunque hay mucha orientación práctica ahí fuera, suele estar envuelta de pedazos de cultura religiosa que son difíciles de descifrar y dolorosos de digerir. Las instituciones han convertido los misterios en dogmas. Han perdido la sutileza para transformar la sabiduría atemporal en enseñanzas relevantes. Ha llegado el momento de liberar los dones de la tradición de modo que todos podamos llevar una vida de integridad y felicidad. Cada uno de nosotros tiene permiso para seleccionar y crear rituales que nos ayuden a conectar, y espero que estas páginas puedan suponer una fuente de acompañamiento mientras encuentras tu camino.

A lo largo del libro compartiré mis propios intentos como principiante espiritual, algunos de los cuales espero que puedan ser de ayuda práctica para tu propio viaje. También espero que este libro nos ayude a estar menos aislados en nuestra vida espiritual. Los sistemas entrelazados de la opresión dependen de nuestros sentimientos cuando estamos solos y avergonzados. El don de las prácticas espirituales es que cultivan la valentía de modo que arriesgaremos más los unos por los otros. Nada me aportaría más felicidad que saber que los grupos de lectura sagrada se convierten en centros de activismo, que aprender las mismas canciones significa que podemos cantarlas juntos en las calles.

Intención, atención y repetición

Palabras como «prácticas espirituales» y «rituales» evocan la imagen de monjes en templos tenuemente iluminados o posturas de yoga extremadamente difíciles (y puede consistir en estas cosas); pero lo que quiero decir sigue la sabiduría que me transmitió la activista y ministra de la iglesia Kathleen McTigue, que busca tres cosas en cualquier práctica o ritual: intención, atención y repetición. Así pues, aunque puede que saques a tu perro a pasear varias veces al día, tachando de la lista el componente de la repetición, no se trata de una práctica ritual si además estás al teléfono, porque no estarás prestando verdadera atención a tu cachorro y al paseo que estás dando. Se trata, simplemente, de un hábito. O puede que leas cada noche antes de irte a dormir, pero que no lo hagas con ninguna intención concreta. Una vez más, eso no encaja con nuestra descripción de un ritual o una práctica.

Sin embargo, he llegado a creer que prácticamente cualquier cosa puede *convertirse* en una práctica espiritual: la jardinería, la pintura, el canto, abrazarse, estar sentado. El mundo está lleno de estos rituales. Simplemente fíjate en los apretones y choques de manos antes de los partidos de baloncesto de los Cleveland Cavaliers. Tan sólo tenemos que tener clara nuestra intención (¿a qué estamos invitando para que forme parte de este momento?), dedicarle nuestra atención (regresar para estar presente en este momento) y dejar espacio para la repetición (regresar a esta práctica una y otra vez). De esta forma, los rituales generan las conexiones invisibles que hacen que la vida esté cargada de sentido y sea visible.

Si eres como yo, probarás con muchas cosas distintas que no acaban de entrar en sintonía contigo o que se disipan al cabo de un par de intentos. No pasa absolutamente nada. Si, al cabo de algún tiempo, encuentras una o dos cosas que empiezan hacerte sentir constantemente que son *tus* prácticas, entonces tendrás un caballo ganador.

Un apunte sobre esa palabra: «Espiritual»

Hoy en día es fácil evitar lo «espiritual». Intentamos saciar nuestro anhelo de conexión desplazándonos sin parar por los canales de información de las redes sociales. Mi favorito personal es el agujero que supone YouTube, en el que después de una hora levanto la vista de mi teléfono móvil y no puedo creer el tiempo que ha pasado mientras miraba vídeos de *drag queens* o resúmenes de partidos de fútbol.

Cuando sí prestamos atención a los momentos con verdadero significado, éstos pueden abrumarnos. Sostener a un bebé entre nuestros brazos por primera vez, escuchar música que nos hace llorar, estar en pleno mar y sentirnos en completa armonía con los elementos que tenemos a nuestro alrededor: puede ser abrumador sentirse profundamente conectado. Estos momentos desbloquean recuerdos, anhelos, traumas y, frecuentemente, lágrimas; y para mí son sagrados. Son espirituales. No obstante, dejamos que el tiempo pase y estos momentos se van a la deriva. Los resplandecientes flashes de la plenitud de la vida se pierden detrás de la pila de correos electrónicos no contestados y la implacable monotonía de lo cotidiano. Olvidamos la intención que nos marcamos de salir a pasear al bosque más frecuentemente, de empezar a componer música de nuevo y de pasar más tiempo con nuestros seres queridos (por lo menos yo sé que lo hago).

Piensa en tu propia vida. ¿Cuándo fue la última vez que te sentiste profundamente conectado con algo mayor que ti mismo? ¿Dónde estabas? ¿Qué te hizo sentir? ¿Qué palabras empleaste para describir esa experiencia? En líneas generales, estamos faltos de un buen lenguaje para describir lo que más nos importa, para comunicar con confianza a los demás esos momentos de profundo significado. Como profesora espiritual, erudita y activista, Barbara Holmes escribe que nuestro aislamiento al experimentar momentos como éstos privatiza todavía más nuestra interpretación de ellos. Además, la neurociencia nos dice que no podemos describir enteramente lo que estamos sintiendo y que tendemos a subestimar el propio sentimiento como ilegítimo o indigno de nuestra atención (o de la atención de otros).

Permanece a mi lado si puedes, incluso aunque estas palabras te hagan sentir un poco incómodo. Imagina que se tratan de unos preciosos y nuevos zapatos de piel que siguen estando un poco rígidos mientras caminas con ellos puestos. Simplemente necesitan un poco de tiempo para amoldarse a la forma de tus pies. Muy pronto habrás encontrado las palabras adecuadas (o te habrás acostumbrado a ellas) que te ayudarán a detallar ese sentimiento del que estamos hablando juntos.

Este reto del lenguaje no es aleatorio. Es complicado por una razón. Se nos ha enseñado a ver el mundo como dividido entre lo sagrado y lo profano, lo religioso y lo secular. Se nos ha enseñado que, de algún modo, hay una línea que hace que una iglesia sea sagrada y que un supermercado sea secular. Esa línea vertical es un invento. En lugar de ello, imagina una línea horizontal entre lo superficial y lo profundo. Se extiende por doquier y por cada persona. Cuando podemos descender por debajo de la confusión del hábito, podemos estar presentes en esa porción de nuestra experiencia en la que encontramos el significado más profundo. Puede que sea la poesía la que nos lleve hasta ahí, o una increíble obra de teatro, o la psicodelia, o los brazos de nuestro amado, o simplemente ver a nuestros hijos correteando por el jardín. Cuando nos fijamos en el mundo de esta forma, cualquier lugar y cualquier momento pueden ser sagrados. Todo depende de cómo nos fijemos en ello. ¿Quién puede decir que una amable interacción en la caja de un supermercado no puede considerarse sagrada? Además, puede que haya muchas congregaciones que nos hagan sentir tanta intimidad como una estación de metro.

La palabra «espiritual» es, pues, una indicación de algo que se encuentra más allá del lenguaje. Es una conexión vulnerable. Tal y como lo expone Mark Jordan, académico de la teología y de los estudios de género, lo espiritual es un lugar de «encuentro o iluminación impredecible que no se puede controlar».

Invitación

Este libro no va a presentarte nada alucinantemente nuevo. Ya comes, caminas, hablas y descansas. No necesitarás comprar todo un nuevo conjunto de herramientas espectaculares. ¡Ése es el don de estas tradiciones! Todo lo que te estoy invitando a hacer es redefinir tus hábitos asentados a través de una lente de una conexión multicapa y más profunda. Dale una intención a esa taza de té vespertina. Encuentra una comunidad para hablar de los libros que te emocionan e inspiran. Recita un pequeño poema en la ducha cada mañana. Independientemente de cuál sea la práctica, empezaremos adoptándola como algo real e importante, y nos sumergiremos a mayor profundidad para hacer que tenga significado.

Como todos somos distintos, algunas prácticas te resultarán más fáciles que otras. Yo, por ejemplo, conecto más con lo sagrado de la vida cuando estoy involucrado con otras personas. Me encanta cantar, jugar a juegos de mesa y comer con otras personas. Por contra, mi esposo, Sean, se fija en mi calendario semanal y le entra urticaria debido al número de llamadas, reuniones y comidas que he programado. Su forma de conectar es estando en la naturaleza o pasando tiempo de calidad consigo mismo. Por otro lado, a mí me cuesta encontrar tiempo que pasar al aire libre. Uno de los primeros momentos en los que supe que le amaba fue cuando fuimos al concierto de la orquesta sinfónica juntos y a mitad de una pieza musical vi lágrimas cayéndole por su cara: no porque estuviera molesto, sino porque era capaz de abrirse a la belleza de la música y sentir su profundidad e intensidad tocándole la fibra sensible en su propia vida. ¡Cómo desearía tener ese tipo de autenticidad y vulnerabilidad! Cada uno de nosotros poseemos nuestros propios dones, nuestros senderos por la vida y sus misterios, así que sé amable contigo mismo mientras descubres qué llama tu atención y abre tu corazón.

Este libro es una invitación para explorar las capas de experiencia en las que podemos sumergirnos en cada práctica; y al hacerlo, encontrándonos con dificultades aquí y allá, recuerda que no hay nada que pueda interponerse entre ti y la conexión más profunda de la vida. Nada, independientemente de lo poderoso que sea, podrá llevarse eso nunca. Ni la depresión ni la ansiedad, ni la agresión ni la adicción, ni la pena ni los celos, ni la pobreza ni la riqueza. Cada uno de nosotros es completamente digno y amado: incluso tú. Especialmente tú. Nuestra condición humana compartida significa que nos olvidamos de esto todo el tiempo, y ésta es, exactamente, la razón por la que practicamos: para ayudarnos a recordar.

Así pues, no te preocupes si te cuesta aquí o allá, o con todo ello. He visto que tener amigos y mentores con los que puedas hablar de este tipo de cosas sin sentirte cohibido hace que, de repente, todo sea mucho más fácil de hacer; pero tanto si eres un tipo anticuado como un principiante en la espiritualidad, un fan de Harry Potter o te gusta ver comedias románticas de la década de 1990, dispones de todo lo que necesitas para dar tu próximo mejor paso. Empecemos.

Capítulo 1

CONECTAR CON EL YO

La primera capa de conexión es la experiencia de estar auténticamente conectados con nosotros mismos.

Rodeados como estamos de cientos de anuncios cada día y de las presiones de las redes sociales, avanzamos por el mundo avergonzándonos de nuestro cuerpo y con nuestra atención exhausta. Apenas podemos ir al baño o detenernos frente un semáforo sin mirar nuestros teléfonos móviles. Yo incluso batallo con darme una ducha sin tener un *podcast* reproduciéndose de fondo.

La escritora Annie Dillard nos muestra que la forma en la que pasamos nuestros días es la forma en la que pasamos nuestra vida; y esta forma de vida es insostenible. Está haciendo que no nos sintamos bien. Por lo menos uno de cada seis estadounidenses toma antidepresivos, fármacos contra la ansiedad o antipsicóticos, tal y como reporta un estudio publicado en la revista *JAMA Internal Medicine* en 2016. Seguramente esto nos cuenta por lo menos tanto sobre nuestra cultura de actividad y presión incesantes como sobre cualquiera de nuestras necesidades médicas individuales.

Por lo tanto, ¿cuándo recuperamos nuestro tiempo y bienestar? ¿Cómo podemos darnos el espacio para reflexionar (de forma profunda y honesta) sobre cómo nos está yendo? En este capítulo compartiré con vosotros dos prácticas transformadoras para conectar con nosotros mismos: la lectura sagrada y el tiempo dedicado al *sabbat*. Ambas prácticas son regalos de nuestros antepasados que nos permiten introducir rituales intencionados en nuestra vida actual. Al igual que el CrossFit y otras prácticas profanas que llenan huecos de nuestro apetito de significado y comunidad mientras nos alejamos de la religión, la lectura sagrada y el tiempo dedicado al *sabbat* son cosas que probablemente ya lleves a cabo que te proporcionan alegría, una razón de ser, un espacio de meditación y un sentimiento de conexión con tu auténtico yo. Lo que es crítico es que consideremos estos rituales cotidianos como parte de un importante cambio hacia una nueva definición de la espiritualidad.

Por supuesto, vale la pena tener en cuenta la idea de un yo único y auténtico. Ciertamente, la filosofía budista nos dirá que no existe un yo en absoluto. La psicología, por otro lado, dice que hay muchos yos con los que identificarse. Lo que quiero decir con conectar con nuestro auténtico yo tiene menos que ver con eliminar las partes de nosotros que no nos gustan o con centrarnos sólo en las partes que parecen más espirituales y más que ver con integrar la plenitud de quiénes somos. El activista cuáquero y profesor Parker Palmer lo llama volver a unirse con nuestra alma y nuestro papel, porque al separar a los dos, aparece buena parte de nuestra conciencia perdida y el subsiguiente sufrimiento.

Aprendí esto por las malas. Cuando tenía veintidós años, tres meses después de graduarme en la universidad y al empezar en mi primer trabajo en Londres, me caí de un muelle y me fracturé las piernas y una muñeca, además de sufrir una fractura doble en la columna vertebral. Pasé semanas en el hospital y tres meses en una silla de ruedas, completamente despojado de mi ocupada vida como activista y mi imagen pública como joven profesional (me gustaba imaginarme como el personaje interpretado por Anne Hathaway, la segunda asistente ejecutiva que aparece más o menos cuando se llevan dos terceras partes de la película *El diablo viste de Prada*, mientras lo borda con las tareas y tiene un aspecto fabuloso mientras lo hace). Después de mi caída, en lugar de hacer malabares con las citas, las llamadas y los emails, el principal evento de mis días se convirtió en el viaje a la ducha, con mi padre y mi hermana subiéndome en brazos por las escaleras. Más adelante, cuando ya tuve algo más de movilidad en mi silla de ruedas, me vi constantemente forzado a reconocer que el entorno construido estaba hecho para gente que podía caminar. Cualquier pequeño escalón o bache en la acera suponía un gran reto para mis inexpertas habilidades en cuanto a mi movilidad en la silla de ruedas. Aunque solía encargarme de las situaciones sociales, ahora dependía de los cuidados por parte de otros.

Estas crisis de roles suelen aparecer al final de una carrera profesional exitosa cuando la jubilación nos despoja del poder de nuestro cargo y nuestra influencia, o cuando nuestros hijos se van de casa y ya no ocupamos el papel fácilmente reconocible de padres, o cuando nuestra salud y nuestras capacidades físicas cambian. ¿Quiénes somos sin el papel que nos ha dado sentido?

Si somos afortunados, estas transiciones pueden ayudarnos a reconectar con nuestra interioridad, con la conciencia que vive tras el ego. La escritora Marilynne Robinson lo expone de la siguiente forma: «El alma clásica es más nosotros de los que nosotros mismos somos, una compañera cariñosa y muy querida, excepcionalmente leal con nosotros, confiada a nosotros y a la que nosotros nos confiamos. Sentimos sus deseos, sus reflexiones, como una experiencia más verdadera y primaria de nosotros mismos que la que nuestra conciencia ordinaria puede ofrecernos». Me encanta esa noción de lealtad total porque capta la bondad inherente de nuestro auténtico yo, la compasión y la amistad que viven dentro de nosotros, en nuestro yo más profundo; pero cuando vivimos desconectados de este conocimiento inherente, quedamos atrapados en ciclos de desempeño y logros, intentando satisfacer las expectativas de los demás o nuestra percepción de lo que se espera de nosotros.

La sabiduría de la tradición nos enseña que hay formas de salir de este embrollo, que podemos practicar la conciencia de nosotros mismos y hacernos amigos de nuestra alma amable e intensamente.

Durante mis meses de recuperación después de la caída, mi madre invitó a una amiga suya a pasarse por casa los miércoles por la mañana y pintar conmigo. Al contrario que mis hermanas, yo no tengo ningún talento artístico, por lo que estaba vacilante, ya que nada me frustra más que fracasar en público. Se supone que soy bueno en algunas cosas, me dice mi cerebro, ¿así que por qué iba a humillarme a mí mismo intentando pintar? Durante los largos y tranquilos días de reposo en cama, había visto muchísimos episodios de *Strictly Come Dancing*, el concurso televisivo de baile británico equivalente al *So You Think You Can Dance* estadounidense, por lo que mi profesora de dibujo me invitó a pintar los pasos que los bailarines practicaban cada semana. Intenté captar el vals, el pasodoble y la rumba, dejando que las pinceladas pusieran de manifiesto las frustraciones de una recuperación lenta, junto con la esperanza de poder caminar y bailar de nuevo. Sin ser realmente consciente de ello, esta práctica fue un refugio. Al igual que los espacios sagrados en los que los heridos y los enfermos buscaban consuelo antaño, mi mesa de la cocina se convirtió en un lugar de sanación cuando tomaba un pincel, un lugar en el que podía procesar y desenmarañar el pesado cóctel de emociones con el que mi accidente me había dejado. A veces necesitamos el aislamiento temporal de una desconexión forzada para hacer que seamos conscientes de partes de nosotros mismos que han estado pasando desapercibidas. El gran maestro Zen japonés Kōdō Sawaki describió su práctica de meditación como «el yo sanando al yo». La idea es que necesitamos tiempo y atención para integrar nuestras experiencias, ideas e identidades para ser quienes somos.

Esta experiencia de ver cómo una práctica supuestamente secular como pintar podría convertirse en una forma poderosa y, quizás, incluso espiritual de conectar conmigo mismo me hizo darme cuenta de que había otros rituales y hábitos pequeños y aparentemente insignificantes que hacían lo mismo. Años después de recuperarme de esta caída y estando en la Facultad de Teología de la Universidad de Harvard y muy involucrado en nuestra investigación para el artículo «How We Gather», encontramos muchas prácticas así entre las personas a las que entrevistamos, incluyendo correr y meditar. Pese a ello, hubo dos que destacaron para nosotros como las más accesibles y las que tenían un mayor impacto para la mayoría de la gente a la que entrevistamos: leer textos como si fueran sagrados y descansar durante el *sabbat*.

Harry Potter como texto sagrado

«El Sr. y la Sra. Dursley, del número cuatro de Privet Drive, se enorgullecieron de decir que eran perfectamente normales, muchas gracias».

Así empieza el primer libro de la serie de Harry Potter, de J. K. Rowling. Es una frase que millones de lectores pueden citar de memoria, ya que prepara la escena como lo hace, con un poco de humor y sugiriendo que algo muy *anormal* está a punto de suceder.

Leí los libros de Harry Potter con entusiasmo cuando era un adolescente. Tenía trece años y fue el estudiante parisino de intercambio que se alojó en nuestra casa el que me dio a conocer esta serie y me regaló una colección en estuche en francés. Después de intentarlo con algunas páginas, me di cuenta de que me iría mejor leyendo los libros en inglés, y me dirigí a la biblioteca. Leí los tomos y me enamoré.

Puede que hayas vivido una experiencia similar con un libro que adorabas: esa sensación de sumergirte en su mundo, conociendo a los personajes y los paisajes hasta el último detalle, incluso aunque fueran inventados en tu mente. Generalmente sé si ha pasado esto cuando leo en la mesa del comedor, ya que las páginas quedan manchadas con comida o las esquinas acaban con las marcas de mis dedos grasientos. Lo más importante es que confío en que conoces esa sensación de ir ralentizando el ritmo a medida que los siguientes capítulos van menguando y no querer que el libro se acabe. Y cuando nuestros ojos le echan un vistazo a los párrafos finales, sentimos esa oleada de pérdida y de anhelo que se extiende hasta mucho más allá de despedirnos del relato que hemos leído. Se parece más a decirle adiós a un trocito de nosotros mismos.

Esa sensación nos dice algo importante. Sugiere que leer no es simplemente algo que podamos hacer para huir del mundo, sino que más bien puede ayudarnos a vivir más profundamente en él, que podemos leer nuestros libros favoritos no sólo como si fuesen novelas, sino como textos instructivos e inspiradores que nos pueden enseñar cosas sobre nosotros mismos y sobre cómo vivimos.

Podemos tratar a un libro como algo sagrado no sólo porque vamos a creer que las tramas que aparecen en él explican, de algún modo, los misterios del universo, sino porque nos ayudan a ser más amables y más compasivos. Nos ayudan a ser curiosos y empáticos; y nos ofrecen un espejo en el que llegamos a reflexionar sobre las motivaciones subyacentes a las acciones que emprendemos cada día. Este es el poder de leer libros como si fuese una práctica sagrada: pueden ayudarnos a saber quiénes somos y a decidir quién puede que queramos llegar a ser.

Harry Potter ocupa un lugar especial para mí como texto sagrado (hablaremos más sobre esto en un momento), pero puedes escoger cualquier obra literaria, de poesía o incluso libros de no ficción. Lo que analizaremos en este capítulo es la metodología de *cómo* leer un libro como si fuese un texto sagrado. Esto te aportará innumerables perspectivas nuevas, conocimientos sobre ti mismo y oportunidades para reflexionar sobre cuestiones de la vida. Puede que te resulte un poco extraño, pero confía en mí. La lectura sagrada ha hecho profundizar mi conciencia y ha cultivado una conexión entre los lectores durante miles de años.

El arte de la lectura sagrada

Cuando pensamos en textos sagrados, pensamos en la Biblia, el Corán, la Torá, el Libro de Mormón o el Bhagavad Gita. Sabemos que estos textos están llenos de historias, poemas y mandamientos. Algunas de las historias nos tocan la fibra sensible, pero buena parte de la literatura religiosa tradicional nos hace sospechar. Su doctrina se ha usado para marginar y calumniar. San Pablo les decía a las mujeres que guardaran silencio en la iglesia. La Biblia hebrea justifica la esclavitud. El Corán exige un castigo para el amor entre personas del mismo sexo; pero esto sólo es parte de la historia. A pesar de todos los problemas inherentes en las escrituras, son estudiadas y leídas constantemente porque la gente cree que la relectura de estas obras quizás nos haga más fieles, más justos y más cariñosos; que los miles de años durante los cuales generaciones se han involucrado en estos textos es algo a lo que debemos prestar atención; y que podemos entrar en un torrente continuo de conversación entre el texto y los seres humanos que ha durado siglos. En su libro *To Kknow as We Are Known*, Parker Palmer explica por qué sigue regresando a los textos sagrados, a pesar de sus problemas relacionados con una tradición espiritual en la que la gente ha buscado y encontrado sabiduría a lo largo de generaciones: «Estos textos me permiten regresar a tiempos de conocimientos espirituales más profundos que los míos, recordar verdades que mi cultura oculta, tener compañeros en el viaje espiritual que, pese a llevar mucho tiempo muertos, puede que estén espiritualmente más vivos que muchos de los que están conmigo ahora. En este estudio, mi corazón y mi mente se ven mejorados por la presión constante de la tradición frente a las distorsiones cotidianas».

Lo que me encanta sobre este conocimiento es que los textos sagrados pueden ser bastiones que se contraponen a las suposiciones actuales sobre quiénes somos y qué importa. Siempre que oigo a alguien citar las enseñanzas de las escrituras contra mi amor homosexual, duele. No puedo negarlo; pero también me recuerda que lo que consideramos correcto e incorrecto puede cambiar. Es completamente posible que, un día, no nos juzguemos los unos a los otros por lo que ganemos o por nuestro cargo; y oír historias de sincera hospitalidad en las historias que aparecen en la Biblia, por ejemplo, también nos enseña que la historia está lejos de avanzar en una sola dirección. Palmer nos señala el valor de los textos sagrados porque son compañeros de conversación que expanden nuestros puntos de referencia y nos fuerzan a reflexionar sobre la cultura en la que vivimos.

Pero ¿qué hay de aquellos de nosotros que no encajamos en una clasificación religiosa, o que no sabemos por dónde empezar con un texto como la Biblia, o que ni siquiera queremos confiar en un libro así? Si esto se aplica en tu caso, mi esperanza es que te unas a mí para escoger un texto qué tú consideres sagrado: algo que ya adores, a lo que ya te encuentres regresando una y otra vez. Todos podemos beneficiarnos de las antiguas prácticas de la lectura sagrada. Podemos encontrar compañeros en el viaje de nuestra vida y recurrir a la sabiduría de aquellos que vinieron antes que nosotros. Simplemente imagina a estos ancestros textuales avanzando por un camino y sembrando semillas, y ahora podemos deleitarnos con las flores resultantes. Y quién sabe, puede que implicándote en estas prácticas sagradas hoy estemos plantando semillas para que otros las disfruten cuando viajen por este camino en los años venideros.

Así pues, ¿qué hace, en primer lugar, que un texto sea sagrado? Tradicionalmente, los líderes religiosos han sido los que han decidido qué cuenta y qué no. Ésta es parte de la razón por la cual algunos fundamentalistas creen en la infalibilidad de sus textos: que proclaman la verdad absoluta y que malditas sean todas las pruebas de la existencia de los dinosaurios. Muchos cristianos interpretan que la vida de Jesucristo es la palabra de Dios encarnada, por lo que tanto sus actos como sus palabras se manifiestan como un texto sagrado. En mi experiencia, mucha gente religiosa interpreta que un texto sagrado es aquel en el que las palabras fueron fruto, de algún modo, de la inspiración divina. No hubo, necesariamente, un dios que fuera el autor, pero las palabras que aparecen en las páginas fueron canalizadas de algún modo o fueron escritas en un estado de conciencia más elevado.

Pese a ello, propongo una audaz refutación: ninguna de estas definiciones es lo que hace que un texto sea sagrado. No tiene que ver con el autor ni con la inspiración. Tal y como explica Stephanie Paulsell, mi mentora en la Facultad de Teología de Universidad de Harvard, un texto es sagrado *cuando una comunidad dice que el texto es sagrado*. Es así de sencillo.

Cuando un grupo de gente regresa, año tras año, al mismo texto, batallando con él mediante la inversión de sus preguntas, esfuerzos y alegrías, eso es lo que hace que sea sagrado. Se vuelve generativo, dando lugar a nuevas respuestas en los textos, la música, el movimiento, las películas y los relatos. Cuando asumimos que un texto es sagrado porque una comunidad así lo dice, recibimos permiso para infundir significado espiritual a cualquier texto que nos atraiga.

Aquí tenemos por qué importa esto: nos ayuda a redefinir cómo pensamos en las cosas que son sagradas, divinas e importantes para nosotros. En el lenguaje cotidiano pensamos en «sagrado» como un adjetivo, como un sinónimo de «divino» o «bendecido». Describe algo estático, quizás un poco polvoriento, fuera de nuestra experiencia del día a día; pero se comprende mucho mejor como verbo: algo que *hacemos*. La propia palabra «sagrado» procede del latín *sacrare*, que significa 'consagrar' o 'dedicar'. Y consagrar significa declarar o *hacer* que algo sea divino. Por lo tanto, la cualidad de sagrado está en la acción, y eso significa que disponemos de una enorme capacidad para hacer que lo «sagrado» nos suceda.

Si esto parece inverosímil es porque vivimos bajo la duradera influencia del gran sociólogo francés Émile Durkheim, que hizo la distinción entre lo sagrado y lo profano. Puede que el nombre te suene o no de algo, pero la creencia colectiva te sonará familiar: que hay algunas cosas que cuentan como religiosas y otras como seculares. Pero permíteme preguntarte: ¿es eso un reflejo de tu experiencia? Sé que algunos de los momentos más tiernos, íntimos y quizás incluso divinos de mi vida no tuvieron nada que ver con la religión formal: cuando sostuve por primera vez a mi sobrina entre mis brazos, cuando atravesé un bosque con once años, cuando desperté tras una cirugía mayor (eso sí, eso podría haber sido cosa de la morfina). Nuestra experiencia vivida es un testimonio del hecho de que la trascendencia y el sentido más profundo que experimentamos suelen llegar en los momentos más «seculares», ya que no tienen nada que ver con la religión formal (irónicamente, la religión en su mejor versión nos enseña lo mismo, pero llegaremos a eso más adelante).

Pero celebrar nuestra capacidad de reivindicar algo como sagrado no significa que cada libro que nos encante leer se convierta, de inmediato, en un texto sagrado. Hace falta algo más que eso.

Creando *Harry Potter and the Sacred Text*

Conocí a Vanessa Zoltan en la Facultad de Teología de la Universidad de Harvard. Al igual que yo, era una improbable candidata para la facultad de teología, ya que creció siendo judía pero era vehementemente atea. Después de todo, fue educada con la idea de que Dios había muerto en Auschwitz. Como sus cuatro abuelos eran supervivientes del Holocausto, esa idea era fácil de comprender.

Vanessa me intrigaba. En mi cumpleaños, algunos días después de conocernos, me envió un e-mail con el asunto: «Feliz cumpleaños, amigo nuevecito». Era alguien que valía la pena. Empezamos a salir a tomar café, y un día me invitó a asistir a un grupo que dirigía los martes por la noche en el que se leía *Jane Eyre* como texto sagrado. No tenía ni idea de qué significaba eso, pero me fie de mi instinto y acordé unirme. Tomé prestado un ejemplar del clásico de Charlotte Brontë de la biblioteca, leí el capítulo prescrito y me adentré en la tarde otoñal de Nueva Inglaterra para reunirme con ella.

Lo que sucedió fue tanto desconcertante como inspirador. Con un grupo de otras cuatro mujeres, nos sentamos en círculo durante una hora y media hablando de un único capítulo. No era la conversación típica de un club de lectura sobre lo que pensábamos acerca del argumento, o por qué sucedió tal y cual cuando el Sr. Rochester había dicho esto y aquello en el capítulo anterior. No, estábamos haciendo preguntas como: ¿Qué podemos aprender del sufrimiento? ¿Cómo podemos comprender mejor las enfermedades mentales? ¿Qué nos pide el texto que hagamos en nuestra propia vida? No podía para de pensar en ello.

Las vacaciones invernales estaban a la vuelta de la esquina. Los veranos en Boston son fríos y oscuros y un poco deprimentes, por lo que quería encontrar algo que me ayudara a superar la melancolía posnavideña, algo que pareciese una gran aventura pero que, pese a ello, me permitiese comer aperitivos en el sofá. Vanessa y yo habíamos hecho un curso sobre viajes y misiones épicas, y su grupo de lectura sagrada me había inspirado. Quizás, pensé, podríamos crear nuestro propio viaje de búsqueda de significado mediante una serie de películas. Y si era así, ¿qué mejor serie que las mágicas películas de Harry Potter?

Así pues, durante cada día de la primera semana de enero, Vanessa y yo reunimos a un grupo de amigos para revisionar las películas como si fueran un enorme historia épica y tuvimos una idea. ¿Qué tal si nos sentábamos para hablar con otras personas, como en el caso de su grupo dedicado a *Jane Eyre*, y leíamos las novelas de Harry Potter como un texto sagrado?

Y así lo hicimos. Nos prometimos los unos a los otros que nos sentaríamos y leeríamos los libros capítulo por capítulo, preguntándoles que podrían enseñarnos sobre cómo vivir. Empleábamos prácticas espirituales de la antigüedad, como el PaRDeS y el Florilegio, para sumergirnos por debajo de la trama para encontrar sabiduría inesperada en el mundo de la hechicería. Le pedí a mi hermana que diseñara un póster, y Vanessa pidió, en su lugar de trabajo, si podíamos usar su sala de reuniones. Enviamos emails e invitamos a amigos, pero no teníamos idea de si acudiría alguien. La primera noche colocamos veinte sillas, esperando recibir algunas visitas de curiosos. Fueron sesenta y siete personas. ¡Estábamos entusiasmados!

A medida que el grupo se asentó y forjamos una pequeña congregación en la que la gente hizo amistades, se visitaban los unos a los otros cuando alguien estaba ingresado en el hospital y se enamoraban, nos preguntamos si otras personas querrían unirse a nuestra aventura. Lanzamos *Harry Potter and the Sacred Text* (*Harry Potter y el texto sagrado*) como *podcast* en mayo de 2016, el mismo mes en el que me casé. Nos metimos a hurtadillas en el estudio de grabación de la universidad gracias a que llevamos productos de confitería y chocolatinas al personal administrativo, y nos sentamos tras los micrófonos. Ninguno de nosotros tenía experiencia en el campo de la comunicación, por lo que fue, en gran medida, gracias a los conocimientos de producción de Ariana Nedelman, nuestra condiscípula de la Facultad de Teología, que sonáramos convincentes. Incluso en la actualidad, por lo menos la tercera parte de lo que decimos en el estudio queda recortado en la sala de montaje.

La estructura del programa es sencilla. Cada semana leemos un capítulo relativo a un tema como preparación para nuestra conversación. Por ejemplo, empezamos la serie leyendo el capítulo uno («El niño que sobrevivió») en relación con el tema del compromiso. Otros temas han incluido el perdón, el trauma, el placer y el amor. En cada episodio compartimos una historia de nuestra propia vida relacionada con el tema, mantenemos a nuestro público al día con un breve resumen de lo que sucede en el capítulo y luego entramos en una antigua práctica espiritual que nos ayuda a profundizar más en el texto, y es ahí donde realmente se produce la magia.

Gracias a nuestros increíbles oyentes, hoy *Harry Potter and the Sacred Text* es un *podcast* galardonado y con más de veintidós millones de descargas y setenta mil oyentes semanales regulares. Cada año salimos de gira y conocemos a miles de oyentes que nos explican qué ha significado para ellos la práctica de la lectura sagrada. La gente recurre a los libros y al *podcast* para buscar consuelo en los momentos de ansiedad o soledad incapacitante. La lectura sagrada ha ayudado a la gente a salir adelante tras la muerte de un ser querido o una ruptura traumática. Los profesores adaptan las prácticas en las aulas para ayudar a los estudiantes a reflexionar de forma más valiosa sobre textos de enseñanza estándar. Descubrimos, una y otra vez, que estas prácticas ayudan a la gente a conectar con lo que más les importa.

Quizás no nos debería haber sorprendido que el *podcast* se convirtiese en un éxito. Millones de lectores ya consideraban, a su manera, sagrados los libros de Harry Potter. Los psicólogos y los terapeutas reportan que hay jóvenes que usan Hogwarts como su lugar psicológico seguro al que acudir en momentos de dificultades y dolor; y no se trata, simplemente, de un refugio para alejarse del mundo. La Harry Potter Alliance, fundada en 2005, ha movilizado a miles de personas en Estados Unidos para actuar en lo relativo al matrimonio igualitario, el cacao de comercio justo y otros asuntos progresistas, empleando las narrativas y los rituales de los libros para motivar y diseñar campañas ganadoras. Al igual que los movimientos de justicia social han reinterpretado las narrativas bíblicas como la historia del libro del Éxodo y han citado los salmos, la Harry Potter Alliance también menciona a personajes y tramas del mundo de la hechicería para motivar a los lectores a pasar a la acción.

La lectura sagrada nos lleva a casa, a nosotros mismos

Leer los libros de Harry Potter bajo esta lente ha sido transformador para mí y para las miles de personas que escuchan *Harry Potter and the Sacred Text* porque nos ayuda a conectar completamente con nosotros mismos. Leer nos hace vernos en otros personajes, volvernos nostálgicos por partes de nuestro pasado y desafiar a nuestra visión del mundo. También se le atribuye, frecuentemente, el ayudar a la gente a generar empatía. Keith Oatley, un psicólogo cognitivo de la Universidad de Toronto, apareció en los titulares en 2006 con su estudio, que sugería que leer sobre otras personas mejora nuestra capacidad de comprender a los demás y cooperar con ellos y, en último término, comprendernos a nosotros mismos. Muchos otros estudios han presentado argumentos similares. Pero la empatía no empieza con los demás. Empieza contigo mismo. En un estudio alemán de 2017, se enseñó a los participantes a reconocer distintas subpersonalidades, como nuestra «voz alegre» o nuestro «crítico interior». Aprendiendo a implicarnos de forma crítica con nuestros distintos patrones de pensamiento, nos volvemos más capaces de inferir los estados mentales de los demás. Nos volvemos más empáticos.

El autodescubrimiento mediante la lectura suele ser revelador y liberador, pero no siempre es placentero. Nos hace mirar a nuestro interior, y eso a veces es doloroso. Podemos vernos enfrentados al trauma y el sufrimiento al leer sobre alguien que ha pasado por una experiencia similar, y podemos vernos forzados a afrontar cosas que no habíamos afrontado antes. Vanessa y yo nos hemos acostumbrado a recibir emails de oyentes que revelan que la lectura profunda que hemos llevado a cabo en directo ha hecho aflorar traumas no resueltos como sobrevivir a un abuso sexual, por ejemplo. Al principio de la serie de libros, nos enteramos de que los padres de Harry mueren debido a un horrible doble asesinato al que él, siendo un bebé, sobrevive de alguna manera. Nuestra lectura sagrada caló en una oyente en particular, que compartió su historia de un momento traumático que moldeó su vida. Cuando era una niña muy pequeña su padre murió en un ataque terrorista en Latinoamérica. Escribió:

> Es raro crecer sabiendo lo que el mal te ha hecho y lo que te ha provocado el odio de un desconocido. Es raro crecer echando de menos a alguien a quien no has conocido. El amor inmortal de Harry por Lily y James me tranquilizó con respecto a que no había nada de malo en que echase de menos a mi padre, pese a no haberle conocido. No pasaba nada porque llorara la pérdida pese a no haber sido consciente de ella cuando se produjo. No pasa nada porque siga batallando con ello y con algo de trastorno de estrés postraumático [PTSD, por sus siglas en inglés] pese a que hayan pasado veintidós años y nunca le hubiese conocido.
>
> Siento una conexión extraña con Harry debido a la naturaleza de nuestras pérdidas, y vuestra invitación para tomarme esa conexión en serio ha sido muy sanadora y reconfortante para mí. También me ha llevado a ver el duelo de Harry con una mirada muy diferente. Debe ser tan difícil para él abrirse camino en este mundo en el que tanta gente a la que no ha conocido sabe tanto sobre sus padres y les recuerda tan claramente, y él sólo puede confiar en su palabra. Cuando averigüé que algunas cosas que mi padre había dicho y hecho son totalmente contrarias a aquello en lo que creo, pensé en Harry viendo a James acosar a Snape. Fue

muy reconfortante saber que James Potter no era perfecto cuando llegó el momento de admitirme a mí misma que mi padre tampoco lo era. Esto hizo más profunda mi conexión con esta historia y su personaje, y estoy muy agradecida por haber dispuesto de ese ancla cuando todo lo demás que creía que sabía se estaba desmoronando.

Esta carta ilustra que buena parte de lo que regresar al hogar, a nosotros mismos, implica es el recordatorio de que estamos, en esencia, bien, que nuestra experiencia es válida incluso aunque no podamos encontrarle todo el sentido; y esa lectura sagrada puede ayudarnos a encontrar un terreno firme cuando el mundo a nuestro alrededor está cambiando constantemente.

Por contra, hay ocasiones en las que los oyentes nos dicen que la lectura sagrada les ha ayudado a convertirse en algo distinto, que mediante la reflexión profunda sobre quiénes son han encontrado algo que quieren transformar. Echa un vistazo a esta nota de un oyente que pasó muchos años como comandante de las Fuerzas Armadas, sirviendo en el extranjero. Se refiere a una escena en la que Ginny Weasley le recuerda a Harry que ella ya ha estado poseída antes por Voldemort, y que el que él haya olvidado esto le muestra lo afortunado que es:

Pensaba que había llegado hasta donde estaba debido a mi esfuerzo, ambición y valentía, pero mientras reflexionaba sobre ello, me di cuenta de que, de hecho, soy bastante perezoso y cobarde. Una vez que empecé, realmente, a fijarme en otras personas y a fijarme en mí mismo, me di cuenta de que ser un hombre blanco de clase media-alta criado en un hogar estable me había hecho conseguir más cosas que mi esfuerzo, ambición o valentía. Mi compañera de clase, que se había abierto camino hasta ser teniente coronel de aviación de cadetes y llegar a la cabina de un caza F-15C Eagle, había dado mucho más de esas virtudes que yo. Mi comandante de vuelo, que se había graduado por la Universidad de Howard, llegó a ser oficial y crio a dos niños pequeños mientras su esposa acababa su doctorado, había dado mucho más de esas virtudes que yo. El joven piloto procedente de un lugar remoto de Tennessee que había aprendido programación informática y luego se alistó en la Fuerzas Aéreas para cambiar su futuro había dado mucho más de esas virtudes que yo. Empecé a darme cuenta de que había estado ciego. Es entonces cuando vuestro episodio me golpeó.

… Finalmente decidí que necesitaba escribiros cuando oí una frase: «Qué suerte la tuya». Había leído esa frase hacía años sin apenas darme cuenta de ella y de ninguna manera había pensado en el significado más amplio que Vanessa le había asociado. Había dicho muchas veces que no veía los colores, y me lo había creído. Alguien muy cercano a mí me señaló muchas veces que si no miraba a alguien de un grupo oprimido o desfavorecido teniendo en cuenta aquello con lo que había tenido que lidiar para llegar hasta donde se encontraba, entonces, en realidad, no le veía en absoluto… Durante cuarenta años había creído que había logrado salir adelante por mis propios medios, que era más que merecedor de lo que tenía que otros, y que cualquiera que no alcanzara lo que yo definía como el éxito fracasaba debido a sus defectos. Estaba equivocado… Mi privilegio significaba que no tenía que pensar en nadie más. Qué suerte la mía.

Leer es un camino hacia una mayor conciencia. Hacia la valentía y el compromiso. Hacia ayudarnos a ver nuestros errores y encontrar una mejor forma de proceder.

Una lectura muy trascendental de los primeros libros que condujo a una conversación especialmente densa entre nuestros oyentes fue acerca de la Sra. Petunia Dursley, que, créeme, cae antipática a nivel mundial. Mientras Vanessa y yo releíamos el primer capítulo, vimos a una mujer joven, sin ayuda durante su maternidad, a la que de repente le daban un segundo bebé para que lo cuidara después de la muerte de su hermana. Incomodada por un mundo al que siempre ha envidiado y temido, sin ninguna explicación, se siente vulnerable frente a una sociedad que sólo puede implicar peligro. Sin duda, Petunia maltrata a Harry. Ella le desatiende en los años más fundamentales de su vida. Sin embargo, esta lectura sagrada ilustra que las narrativas del bien y del mal casi siempre son más complejas cuando nos arriesgamos completamente para explorar una lectura sagrada. Esto no sólo me proporcionó un nuevo punto de vista para comprender a un personaje, sino que también me suponía un desafío darme cuenta de que había permitido que las narrativas informativas polarizantes generaran un sistema binario de inocencia y culpabilidad. Había juzgado durante mucho tiempo a la sra. Dursley, pero había mucho que desentrañar tras ese juicio. Ésta es la razón por la cual la lectura sagrada puede formar parte de una práctica espiritual de conectar con nosotros mismos: nos reta a mirar en nuestro interior. La lectura sagrada no siempre te hará popular, pero te ayudará a acercarte más a la verdad.

Profundizando en una práctica para conectar con nosotros mismos: *La lectio divina*

Leer puede ayudarnos a integrar distintas piezas de nuestra experiencia en todo nuestro ser. Así pues, la forma en la que leamos importa en este proceso. Podemos leer por diversión y para evadirnos de la realidad, lo que está bien y es bueno (a veces necesario), pero también podemos profundizar más. La disociación de los rituales religiosos puede, una vez más, ser una herramienta útil para infundir significado en nuestras prácticas cotidianas. La *lectio divina*, que significa, literalmente, lectura sagrada, es uno de estos rituales.

En el siglo XII, Guigo II escribió un pequeño libro (se trata más bien de un panfleto, en realidad) en el que explica exactamente cómo llevarla a cabo. Tituló el libro *Scala claustralium*, que se traduciría del latín como *La escalera de los monjes*. En él, describe cómo leer un texto en cuatro pasos ascendentes por una escalera, elevándose cada vez más cerca del cielo. Explica que aquellos que son «amantes de Dios» puede que asciendan a todavía más altura hacia el interior de las nubes y que se encuentren entre una multitud de «secretos celestiales». Imagina a ángeles llevando hacia arriba deseos fervientes y descendiendo para prender de nuevo nuestro deseo de bondad.

En lugar de leer capítulos enteros de la Biblia, Guigo enseñaba a sus pupilos a escoger simplemente un fragmento de un texto sobre el que reflexionar. «¿Sabéis cuánto zumo ha salido de una pequeña uva, qué gran fuego se ha originado de una chispa, cómo este pequeño pedazo de metal se ha estirado sobre el yunque de la meditación?», pregunta. De hecho, ni siquiera es necesario acabar de leer una frase. El texto puede rociar dulzura sobre nuestra alma, restaurando a la agotada mente con sólo un fragmento. Un siglo antes, san Anselmo había aconsejado a su acaudalada mecenas, la condesa Matilde de Toscana, que si leía un texto sagrado, su objetivo no era acabar de leerlo, sino, en lugar de ello, leer sólo tanto como provocara que su mente se dirigiera hacia la oración. El erudito en temas medievales Duncan Robertson explica que «la satisfacción de la lectura empezaba en el momento en el que el lector levantaba la vista de la página y tomaba parte activa en lo que ahora era un diálogo». Las comunidades monásticas no leían un libro sólo una vez: había demasiados pocos volúmenes preciosos para ello, de todas formas. Releer y leer en voz alta era la forma en la que los monjes estudiaban un texto, haciéndoles ascender por la escalera. El propio texto era una puerta de entrada hacia la reflexión y la meditación. Era un camino sagrado para viajar hacia el interior del corazón de Dios. Esto puede que te suene si te encuentras releyendo uno de tus libros favoritos; o puede que haya pasajes que te evoquen algo, y levantas la mirada de la página sólo para empaparte de esa dulzura o belleza.

En su panfleto, Guigo promovió siglos de instrucción en la lectura sagrada y simplificó su orientación en forma de los cuatro escalones de una escalera. Les llamó leer, meditar, rezar y contemplar. La forma en la que Vanessa y yo hemos traducido esto en el *podcast* de *Harry Potter and the Sacred Text* consiste en pensar en estas cuatro etapas como en cuatro conjuntos de preguntas.

1. ¿Que está sucediendo literalmente en la narrativa? ¿Dónde nos encontramos en el relato?
2. ¿Qué imágenes alegóricas, historias, canciones o metáforas te vienen a la mente?
3. ¿Qué experiencias has tenido en tu propia vida que acudan a tu mente?
4. ¿Qué acción te estás viendo llamado a emprender?

La diferencia entre simplemente leer un texto e implicarte en este tipo de búsqueda de significado fue, para Guillermo de Saint Thierry, coetáneo de Guigo, «la misma brecha... como la hay entre la amistad y el conocer a un huésped que está de paso, entre la amistad íntima y un encuentro casual». Ésta es la diferencia entre leer por mero entretenimiento y leer en busca del autoconocimiento y la sabiduría.

Si te sientes escéptico, no te culpo, pero permíteme compartir mi propia lectura sagrada de la frase inicial de la primera novela de Harry Potter. Juntos podemos ver cómo la *lectio divina* puede escarbar por debajo de la superficie y ayudarnos a generar oportunidades para el autodescubrimiento. Aquí tenemos la frase (recomiendo leerla en voz alta mientras revisamos estas preguntas. Ayuda a hacer que el texto sea nuevo cada vez que regreses a él).

«El Sr. y la Sra. Dursley, del número cuatro de Privet Drive, se enorgullecieron de decir que eran perfectamente normales, muchas gracias».

Etapa 1: ¿Qué está sucediendo literalmente en la narrativa? ¿Dónde nos encontramos en el relato?

Incluso alguien que sea completamente nuevo en el mundo de la hechicería puede participar de esto. No conocemos nada más que esta frase inicial. Claramente, estamos conociendo a una pareja (el Sr. y la Sra. Dursley), que viven en una casa situada en el número cuatro de Privet Drive. Quieren, desesperadamente, que les consideren normales, y muestran una brusquedad autocomplaciente que nos hace mostrarnos recelosos de inmediato.

Este primer paso suele ser el más fácil de dar, es el nivel al que se da la mayor parte de nuestras lecturas. ¿Sé lo que está sucediendo? ¡Genial! Ha llegado el momento de pasar a la siguiente frase. Pero esto sólo supone el inicio de nuestro viaje por la lectura sagrada, el escalón más bajo de la escalera de Guigo. Ahora profundizamos un poco más. Lee la frase de nuevo en voz alta y pregúntate:

Etapa 2: ¿Que imágenes alegóricas, historias, canciones o metáforas te vienen a la mente?

«El Sr. y la Sra. Dursley, del número cuatro de Privet Drive, se enorgullecieron de decir que eran perfectamente normales, muchas gracias».

Un montón de cosas me sorprenden de inmediato. La palabra «Privet» suena parecida a «privado», por lo que hay un elemento de ocultación a la mirada de la gente. En inglés, un *privet* 'aligustre' es también un tipo de arbusto que suele usarse en los setos, lo que sugiere otra barrera entre los Dursley y nosotros, los lectores; pero también me recuerda a *privet*, la palabra rusa para decir «Hola», por lo que, ¿quizás haya alguna voluntad de cruzar los límites para los invitados procedentes de Moscú? (las cosas no siempre tienen sentido en el segundo peldaño de la escalera).

El número cuatro también merece ser explorado. Un cuadrado tiene cuatro lados, y los Dursley son, claramente, gente cuadrada. La métrica más común en la música escrita es el compás de cuatro por cuatro, lo que sugiere, una vez más, normalidad. Como graduado en Teología, no puedo evitar asociar el cuatro con la enseñanza central del budismo de las Cuatro Nobles Verdades. Por lo tanto, se me recuerda la inevitabilidad del sufrimiento y que el camino hacia la iluminación se alcanza a través de no apegarse a las cosas. De forma parecida, pienso en los Cuatro Jinetes del Apocalipsis, los cuatro evangelios, las cuatro estaciones, los cuatro palos de una baraja de naipes. Los Beatles. Cuatro pájaros que trinan. La forma en la que la gente reemplaza la letra «A» por el número «4» en las contraseñas de sus ordenadores. La lista es interminable.

Tal y como puedes ver, en esta segunda etapa el único límite es tu imaginación. Podrías decir que las palabras «muchas gracias» te recuerdan a Elvis Presley; o que «orgulloso» (*proud* en inglés) te suena parecido a «mortaja» (*shroud* en inglés), y que esto podría tratarse de una metáfora oculta de una muerte inminente, especialmente cuando se combina con el orgullo presente antes de una caída.

Guigo nos diría que la primera etapa es como si estuviéramos llevándonos un pedazo de comida a la boca, y que en esta segunda fase la hemos estado masticando, triturándola para convertirla en muchos fragmentos de menor tamaño.

Nuestra mente se ha abierto y, de repente, estamos engranando imágenes y palabras mucho más allá de los límites del texto. Estamos conectando puntos inesperados y creando capas de nuevas asociaciones; pero en esta etapa estamos deleitándonos en un manojo de ideas: a continuación necesitamos que nos calen todavía más hondo. En la tercera pregunta conectamos el texto explícitamente con nuestra propia vida. Tal y como diría Guigo, empezamos a captar el sabor del pasaje que hemos escogido, preguntando:

Etapa 3: ¿Qué experiencias has tenido en tu propia vida que acudan a tu mente?

«El Sr. y la Sra. Dursley, del número cuatro de Privet Drive, se enorgullecieron de decir que eran perfectamente normales, muchas gracias».

La primera cosa que me llama la atención leyendo la frase esta vez es que el Sr. y la Sra. Dursley son una pareja casada. Mi marido Sean y yo llevamos casados un par de años, y al igual que la mayoría de las parejas que conozco, tenemos algunos tontos nombres o apodos secretos el uno para el otro. Seguro que los Dursley también usaban motes así. A pesar de sus frustraciones el uno con el otro, son un equipo. Están criando a su hijo pequeño, haciéndolo lo mejor que pueden en un mundo que no siempre ha sido amable con ellos.

Y me estoy preguntando, quién en la frase está emitiendo esas palabras. ¿Habla esa persona en nombre de la pareja o hay alguien que asume la voz cantante sin consentimiento? Sé que a veces escribo una tarjeta en nombre de mi esposo y el mío para alguien a quien Sean apenas conoce; o a veces compro, confiadamente, unas entradas para ir a ver a un grupo musical del que quizás él no sea un gran fan. Así pues, ¿es sólo la Sra. o el Sr. Dursley el que está orgulloso de ser normal? Puede que haya más diferencias entre los dos de las que hemos asumido en un primer momento. No sería la primera vez que una pareja se encuentra con algunas diferencias inesperadas después de casarse.

¿Ves cómo ya estamos aprendiendo más cosas acerca de los personajes y estamos enfrentándonos a algunas verdades poco glamurosas sobre nosotros mismos? Mediante la introducción en la historia de nuestras propias experiencias, comprendemos el contexto de los Dursley de una forma mucho más profunda; pero hasta el momento seguimos llevando nuestras ideas y reflexiones *hacia* el texto. Todavía no hemos finalizado nuestro viaje ascendente por la escalera. Ahora, en la cuarta etapa, invitamos al texto a hablarnos a *nosotros*. Guigo habría planteado esto como si le pidiéramos a Dios que respondiera a nuestra plegaria, pero Vanessa y yo preferimos, simplemente, imaginar lo que puede que el texto tenga que decirnos.

El que avisa no es traidor: esto puede resultar incómodo. La lectura sagrada no siempre es agradable, tal y como hemos analizado. Puede plantear dificultades y dolor, incluso aunque sólo sea porque leer algo como si fuese sagrado signifique que tenemos que estar dispuestos a vernos cambiados. Si nuestros corazones, nuestra imaginación y nuestro compromiso con nuestros valores más profundos no se han expandido mediante una práctica de lectura sagrada, entonces no habremos estado leyendo sagradamente. Por lo tanto para nuestra última fase de la escalera:

Etapa 4: ¿Qué acción te estás viendo llamado a emprender?

«El Sr. y la Sra. Dursley, del número cuatro de Privet Drive, se enorgullecieron de decir que eran perfectamente normales, muchas gracias».

En ocasiones, lo que el texto nos conmina a hacer es algo que cambia nuestra vida. Puede que nos desprendamos de una antigua herida, o puede que asumamos una nueva responsabilidad. Una oyente del *podcast* nos dijo que, después de años pensando en ello, se inscribió para ser madre adoptiva después de reflexionar acerca de cómo Harry Potter es bienvenido al hogar de los Weasley. En otras ocasiones, lo que nos vemos llamados a hacer es fácil y divertido. Estoy escribiendo esto mientras me encuentro alejado de mi marido y le echo de menos enormemente. Por lo tanto, en este momento, me siento llamado a enviarle un mensaje de texto con uno de los apodos que tengo para él para hacerle saber que estoy pensando en él y que le quiero. La conexión entre el texto en sí y la acción que nos inspira no tiene por qué ser lógica. En ocasiones, los empujones que nos da el texto para ayudarnos a vivir con más valentía, amor e integridad son deliciosamente misteriosos.

Aplicar este breve ejercicio reflexivo a varias cosas que he leído a lo largo de los años ha desenterrado multitud de pensamientos y sentimientos que me han ayudado a asentarme en un conocimiento más profundo de mí mismo. Frecuentemente, estos conocimientos no son necesariamente nuevos, pero les había perdido el rastro. La práctica de la lectura sagrada hace que regresen al hogar, como un gato que se ha escabullido por la puerta cuando no estaba mirando y que ahora necesita que le echen una mano para volver a entrar en casa. En esta lectura concreta se me ha recordado mi vena egoísta intrínseca. Estoy absorto en el trabajo que estoy llevando a cabo, lo que hace que me sienta bien conmigo mismo y que pierda de vista a la persona que es más importante para mí. Tengo que recordar que las relaciones importantes necesitan tiempo y atención.

Por supuesto, Guigo no es más que un maestro de la lectura sagrada. En el *podcast* hemos aprendido acerca de las enseñanzas de san Ignacio sobre la imaginación sagrada (la práctica de situarnos en la historia que leemos como si fuéramos un personaje del texto) para implicarnos mejor en la lectura. La idea de la imaginación sagrada de san Ignacio también nos invita a ser conscientes de nuestros sentidos: lo que oímos, vemos, tocamos, olemos y saboreamos. Este estímulo para sumergirnos en un historia nos permite mirar más allá de las palabras para ver qué llevan puesto los personajes y qué están haciendo cuando no están hablando. Es como si una imagen familiar pasase del blanco y negro a adquirir todo el color, con nuevas sutilezas que surgen del mundo expresado en la página y del mundo en el que vivimos. Encontrando más empatía por los personajes de la página, encontramos más empatía por la gente con la que compartimos nuestra vida.

Por supuesto, los cristianos no son los únicos con prácticas de lectura sagrada: las comunidades judías se han implicado, desde hace mucho, en la *havruta*, que es un enfoque rabínico tradicional a los estudios talmúdicos en los que una pareja de estudiantes analiza y comenta un texto compartido. Frecuentemente esto se lleva a cabo haciéndose, el uno al otro, una pregunta recogida de las páginas del texto. Por ejemplo, en las novelas de Harry Potter, ¿por qué los búhos aparecen en momentos de transición en el relato? En esta práctica no basta con simplemente hacer una pregunta a tu compañero de aprendizaje, sino que también debes proponer una potencial respuesta. ¿Podría ser que los búhos fueran capaces de girar la cabeza trescientos sesenta grados y que, por lo tanto, los momentos de cambio sean, inevitablemente, momentos en los que nos veamos forzados a tener en cuenta todos los aspectos de nuestra vida? ¿Cómo podríamos, entonces, darnos cuenta de estas aves en el texto? Tener a un compañero constante en el estudio de la *havruta* significa no sólo que siempre os veis retados con nuevas y emocionantes preguntas, sino que también generáis un conjunto de referencias juntos y que la verdad de cada cuestión yace en algún lugar entre vosotros, que siempre estáis viviendo en el ir y venir de vuestras preguntas y las respuestas sugeridas. Junto con tu compañero de estudio de la *havruta* y el texto formáis un triángulo en medio del cual yacen los verdaderos conocimientos de la sabiduría.

La *lectio divina*, la imaginación sagrada de san Ignacio y la *havruta* tienen más que la lectura sagrada en común: las tres tiene el potencial de ser llevadas a espacios profanos. Desde la introducción de esta idea en el *podcast*, Vanessa y yo hemos oído muchas historias de gente que está adaptando estas prácticas en su vida cotidiana. Numerosos profesores han empezado a adaptar la *lectio divina* a las aulas, creando tareas escolares divididas en cuatro partes o temas de conversación para sus alumnos. Otros usaron la imaginación sagrada con textos de asignaturas comunes. Hemos oído hablar de familias que escuchan el programa durante viajes largos en coche y luego mantienen conversaciones de estilo *havruta* para pasar el rato juntos. Puede que lo más sorprendente sucediese en nuestro primer programa en vivo, en un bar lóbrego de Cambridge (Massachusetts), en el que tuvimos a 375 personas devorando un fragmento de texto en una *lectio divina* mientras la cerveza corría a todo nuestro alrededor. Espero que Guigo lo hubiese aprobado.

Más allá de la página: La lectura sagrada en el mundo

Leer tiene, inherentemente, que ver con más que la simple decodificación mecánica de símbolos en una página. Tiene que ver con interpretar a los personajes y las situaciones en las que se encuentran. Consiste en buscar significado en el mundo que tenemos a nuestro alrededor. Leer nos cambia. Descubrimos en quién nos podríamos convertir por las cosas que leemos, expandiendo nuestra imaginación con cada libro nuevo con el que nos topamos.

Por supuesto, existen otras prácticas similares que nos llevan al hogar, a nosotros mismos, y se trata de algo diferente para cada persona. Las carreras de patinaje sobre hielo a lo largo de grandes distancias, el canto, la doble comba, los bailes de salón, el coleccionismo de minerales, salir a dar paseos con tu perro: lo que funciona para ti puede que sea objeto de burla o que le parezca insignificante a otras personas. Pero anímate: ten convicción en tu práctica, independientemente de los demás o de lo que tus inseguridades puedan decirte. Habrá días en los que tu práctica te parecerá vacía e incluso carente de sentido. Vanessa explica que en esos momentos debemos confiar en nuestro yo anterior, que en momentos de claridad y convicción decidimos que esta práctica era la cosa correcta que hacer. Al igual que un estudiante que decide hacer trampas a las tres de la madrugada, horas antes del plazo de entrega de una tarea, podemos tomar nuestras peores decisiones si estamos angustiados. La convicción nos ayudará a superar estos momentos difíciles para así regresar de nuevo a nuestras prácticas sagradas de conexión. Debemos tener fe en la propia práctica, incluso cuando nos sintamos perdidos o como si no estuviese «funcionando». Por lo tanto, explora si leer puede ser una práctica que esté en sintonía contigo y te aporte una sensación de conexión con tu yo más profundo.

Para ser claro, encontrar un texto que considerar sagrado no debería limitarte a Harry Potter. Podrías elegir un clásico de la literatura; un libro favorito, aunque desconocido, de tu niñez; o un poema. Si creciste siendo bilingüe, te recomiendo encarecidamente que escojas un texto en el idioma en el que te educaron. Frecuentemente, esas palabras tienen una repercusión que puede abrirte el corazón. De hecho, puedes ir totalmente más allá de las palabras impresas. Podrías, por ejemplo, escoger el texto de una canción con la que crecieras, o puedes incluso elegir una imagen. El teólogo holandés Henri Nouwen escribió todo un libro centrado en la lectura sagrada de un único cuadro de Rembrandt. Comparte la historia de estar sentado frente a la obra en el Museo del Hermitage, en San Petersburgo. A cada hora que pasa descubre otra capa de significado, encontrándose a sí mismo en los tres personajes representados en el lienzo. Por otro lado, el texto que escojas puede ser representado, con un público especialmente invitado para reflexionar sobre lo que el texto significa en su vida.

Los relatos formaron parte importante de mi niñez, y no hablo sólo de los cuentos que me narraban antes de irme a dormir. Me doy cuenta, al echar la vista atrás, que escuchar y leer historias fueron cosas increíblemente influyentes en mi sentido de identidad. Cada veintitrés de diciembre, mi madre actuaba como anfitriona para una recaudación de fondos e invitaba al afamado cuentacuentos de nuestro pueblo para que narrara relatos en nuestra casa. El cuarto de estar se transformaba: llevábamos todas las sillas que teníamos, se apilaban almohadones en el suelo y, de repente, albergaba a cuarenta y cinco personas con un pequeño escenario al lado de la puerta.

Esto, según supe a medida que me fui haciendo mayor, no es normal. Resulta que no todos los pueblos tienen su propio cuentacuentos, pero Forest Row es el tipo de lugar en el que no era impensable ver a la madre de un compañero de clase sacar a pasear a su cabra, por lo que una escuela de cuentacuentos encajaba a la perfección.

Cada año espero con ilusión la interpretación de Ashley Ramsden de *Cuento de Navidad*, de Charles Dickens. Aquí es donde supe por primera vez que los relatos pueden ser un espejo en el que reflexionamos sobre nuestra vida. Mediante el personaje y la trama empezamos a entender más sobre quién somos y cómo vivimos; y si regresamos una y otra vez a la misma historia (como hice cada año durante mi niñez), encontraremos nuevas profundidades y nuevas verdades (sobre el texto, pero también acerca del mundo y de nuestro lugar en él).

Puede que hayas visto la versión de Los Teleñecos o que hayas leído el clásico original, pero el relato es el mismo. Ebenezer Scrooge odia la Navidad y está sentado en su oficina centrado sólo en el dinero, mientras maltrata a su empleado Bob Cratchit, y a todo el resto de gente a la que ve durante el día. Un día de Nochebuena, Scrooge regresa de su gélida oficina y se prepara un cuenco de gachas. Ya ha experimentado la alarmante experiencia de ver el rostro de Jacob Marley, su socio en los negocios ya fallecido, en el picaporte de la puerta principal de su casa. «¡Tonterías!» es, más o menos, todo lo que puede decir al respecto. Cuando Scrooge se dispone a irse a la cama, oye, de repente, un sonido metálico procedente de la planta inferior. Es de lo más inquietante, porque ha echado el doble cerrojo a la puerta y el ruido está ahora subiendo por las escaleras y acercándose cada vez más.

El fantasma de Marley entra en la habitación. Se mete en la cama de Scrooge, llevando una interminable cadena de pesadas cajas con dinero, candados y joyeros con oro sujetos a su macabra figura. Marley se lamenta de su destino y le dice a Scrooge que le espera el mismo final infeliz si no cambia su forma de ser. En un estado de terror, Scrooge intenta razonar con Marley, preguntándole por qué puede estar tan atormentado en el más allá cuando siempre ha sido un buen hombre de negocios. Marley contesta con un gran alarido:

«¡¿NEGOCIO?! ¡LA HUMANIDAD ERA MI NEGOCIO!».

Puedo oír a Ashley, el cuentacuentos, gritando esto incluso hoy en día. Me sigue inquietando.

Pues bien: puede que parezca que esta interpretación era un simple pasatiempo divertido, pero esa valoración subestimaría a mi madre, que organizaba este evento cada año. Verás: mi padre también era un hombre de negocios, al igual que lo eran muchas otras personas en esa habitación. Mi padre era banquero de inversiones, y su amor por la economía de libre mercado no siempre le hacía muy diferente a Ebenezer Scrooge. Esta historia siempre ha tenido un significado especial para mí porque me recuerda que nuestros corazones se endurecen si no seguimos abriéndolos a la fuerza para que estén expuestos a este mundo que sufre. Puede ser más fácil comprobar nuestro saldo bancario que nuestra conciencia. Por lo tanto, este relato no era un mero entretenimiento. Era una llamada a la acción. La propia transformación de Scrooge era una invitación a todos en la habitación para cambiar nuestra forma de ser miserable, abrazar a nuestra humanidad común, redistribuir la riqueza: no sólo por el bien de la igualdad y la justicia, sino también por el bien de nuestra propia liberación. Todos nos sentábamos para involucrarnos en este texto interpretado porque sabíamos que nos apelaría a tener una visión más cariñosa del mundo.

Al principio de la historia, Scrooge rehúsa una invitación de su sobrino Fred para ir a su casa y divertirse con juegos el día de Nochebuena. Se ha convencido a sí mismo de que el aislamiento y la acumulación de riqueza son lo que le hace feliz; pero los fantasmas le hacen ver que está equivocado, y así, al final de la historia, se acerca a casa de su sobrino, donde están en marcha juegos festivos, y pregunta, vacilantemente: «¿Puedo quedarme, Fred?». En ese momento está pidiendo que le dejen entrar y quedarse en una casa, ser readmitido en su propia familia, ser perdonado por su egoísmo y reconstruir su sentido de identidad no tanto con respecto a cuánto posee, sino a cuánto ama. Yo era muy joven, pero aprendí que un relato podría inspirarnos y enseñarnos a llevar una vida llena de significado y propósito, conexión y alegría; pero no sucedió simplemente por sí mismo. Hizo falta que alguien (en este caso mi madre) marcara una intención, juntara a la gente, horneara una enorme cantidad de galletas navideñas y repitiera el evento cada año.

Ésta es la sabiduría de tratar un texto como sagrado. Nos acerca más a quienes somos en el fondo de nuestro ser. Nos ayuda a integrar nuestras experiencias. Nos ayuda a ver más allá de nosotros mismos, de modo que entonces podamos darnos media vuelta y vernos a nosotros mismos más claramente. Parafraseando al teólogo y filósofo del siglo XIII santo Tomás de Aquino, los textos sagrados nos enseñan una verdad vital para nuestra vida que no podríamos descubrir por nosotros mismos. Actúan a modo de espejo en el que confrontamos actitudes y comportamientos de los que queremos desprendernos. Pueden inspirarnos y ennoblecer a la persona en la que querremos convertirnos. Puede que ya hayas escogido a Harry Potter, o puede que prefieras a Toni Morrison. Puede que se trate de Shakespeare o de Isabel Allende; o puede que recurras a un texto sagrado con una nueva forma de lectura. Todo ello es bienvenido. Cuando leemos de forma sagrada, cualquiera de ellos (y muchísimos más) pueden acompañarnos en sentido ascendente por la escalera hacia una dulzura eterna que siempre nos está esperando.

El tiempo del *sabbat*

Sacar tiempo para nosotros mismos es cada vez más difícil. Nuestros dispositivos digitales nos distraen, ofreciéndonos una vida en la que todo está disponible mediante el reconocimiento de una huella digital, y estar «ocupado» es probablemente lo primero que le decimos a la gente cuando nos pregunta cómo estamos. Esto hace que resulte difícil incluso ser conscientes de nuestra vida interior o de cómo nos estamos sintiendo en realidad. Podemos pasar días sin darnos cuenta, por ejemplo, de que estamos airados y resentidos, o de que hemos pasado la semana anterior especialmente ansiosos hasta que esa «conversación difícil» por la que estábamos ansiosos se ha producido.

El *sabbat*, o *shabbat*, que es la antigua práctica de descanso en la tradición judía, nos ofrece un modelo del que podemos valernos para crear un ritual moderno de dejar espacio para conectar con nosotros mismos. El *sabbat* consiste en tomarse algo de tiempo, muy necesario, para el alma. Cuando realizamos una elección consciente para participar en un *sabbat* (creando una norma sobre cuándo haremos o no haremos las cosas, marcando unos límites al tiempo que pasamos frente a una pantalla, independientemente de qué cantidad de tiempo se trate) creamos un pilar de claridad en nuestra vida espiritual.

El *sabbat* también tiene unos beneficios prácticos verificados. Un estudio de 2014 se fijó en los Adventistas del Séptimo Día, un grupo cristiano conocido por la estricta observancia del *sabbat*, y mostró un vínculo significativo entre el respeto al *sabbat* y la salud mental y física. Una comunidad muy unida de nueve mil adventistas de Loma Linda (California) ha sido etiquetada como «Zona Azul»: una zona en la que la gente vive muchos más años que la media estadounidense. De forma parecida, los investigadores han determinado que hay menos muertes de adultos en Israel durante el *sabbat*. Así pues, fijémonos en el aspecto que puede tener el *sabbat* para aquellos de nosotros que busquemos conexiones más profundas con nosotros mismos.

Mediante nuestro estudio de casos prácticos para el artículo «How We Gather», vimos que en nuestra vida actual, el *sabbat* puede aplicarse, con especial utilidad, de tres formas: el *sabatt* tecnológico, el *sabbat* para pasar tiempo a solas y el *sabbat* para el juego y la creatividad. Por supuesto, el *sabbat* tradicional judío se centra en la celebración compartida con otras personas, y exploraremos más esa conexión comunal en el siguiente capítulo. No obstante, estas prácticas del *sabbat* están centradas en ayudarnos a conectar con nuestro auténtico yo.

Sabbat tecnológico

Al llegar por primera vez a la Facultad de Teología de la Universidad de Harvard, no pensé en mí mismo como en alguien espiritual. Fui porque quería aprender acerca del desarrollo de una comunidad. Me imaginaba teniendo que cribar el plan de estudios para recopilar los pedacitos útiles mientras desechaba los trozos de tonterías que no tenían sentido para mí. En lugar de ello, me vi sorprendido una y otra vez por el conocimiento amplio y contrario al sentido común de la «religión» que mis profesores nos brindaban. Y no fue sólo lo que sucedió en el aula lo que expandió mi imaginación. Era normal que una reunión empezase con algunos momentos de meditación en silencio. Los miércoles, los estudiantes, el profesorado y el personal se reunían para un servicio dirigido por una serie de grupos de estudiantes que rotaban y que ofrecían las riquezas de sus tradiciones. Este tipo de entorno de aprendizaje nos permitió a todos ser más humanos los unos con los otros. Resulta que las discusiones académicas son mucho más satisfactorias cuando tienes alguna idea de la historia de la vida de otra persona antes de escuchar su punto de vista. Todo esto es para decir que yo era un poco escéptico con respecto a que cualquier cosa abiertamente religiosa fuera útil para mí como persona moderna y profana, incluso después de haberme inscrito en la facultad de teología.

Un día, mientras estaba escudriñando la biblioteca, tomé prestado el libro *El Shabbat: su significado para el hombre de hoy*, de Abraham Joshua Heschel, por capricho. Este breve texto me dejó anonadado. Había asumido que el seguimiento del *sabbat* era un vestigio anacrónico de la vida en el *shtetl* (una villa o pueblo con una numerosa población de judíos, en Europa Oriental y Europa Central, antes del Holocausto). No encender las luces y tener que preparar toda la comida que vayas a querer comer con un día de antelación parecía irrelevante para mi estilo de vida impulsado por la tecnología. Pero me di cuenta de que mi uso de la tecnología estaba, de hecho, interponiéndose en mi disfrute. Hacía tiempo que había empezado con el hábito de despertarme, por la mañana, con la alarma de mi teléfono móvil, lo que hacía que su brillante pantalla fuera lo primero que veía cada día. Navegaba por redes sociales, comprobaba mis emails y leía las noticias incluso antes de levantarme de la cama. Mi concentración estaba hecha añicos, y cualquier grado de calma centrada ya había desaparecido hacía mucho para cuando me iba a cepillar los dientes, mientras escuchaba un *podcast*. «Adicción» es una palabra un poco fuerte, pero cuando me vi chequeando mi teléfono móvil compulsivamente mientras iba en bicicleta hacia la escuela me quedó claro que tenía un problema. Tal y como escribe la artista Jenny Odell en su fabuloso libro *Cómo no hacer nada: Resistirse a la economía de la atención*, nada es más difícil de hacer en esta época que no hacer nada.

Heschel publicó su libro en 1951, el año en el que se inventó el pegamento instantáneo y se vendió el primer ordenador comercial; pero él ya sabía cuál era la mejor forma de implicarnos en la tecnología moderna: «La solución para los problemas más fastidiosos de la humanidad no se encontrará renunciando a la civilización tecnológica, sino alcanzando un cierto grado de independencia de ella», escribió. Propuso que diésemos con una forma de vivir con las nuevas tecnologías y que pudiéramos apañárnoslas sin ellas: no abolir la tecnología ni retroceder en el tiempo, sino ser conscientes de cómo la usamos; y para practicar esto disponemos del *sabbat*.

Durante un día a la semana, Heschel nos enseña a vivir de forma independiente de nuestras herramientas de producción más importantes y a abrazar al mundo (y a nosotros mismos) como consideremos necesario.

Por lo tanto, inspirado por Heschel y por un segundo texto sobre el *sabbat* escrito por Wayne Muller, hice que los viernes por la noche fuesen un período sagrado de desconexión digital del mundo exterior para dejar sitio para conectar conmigo mismo. Desde 2014, he estado observando un «*sabbat* tecnológico»: veinticuatro horas sin usar mi ordenador portátil ni mi teléfono móvil desde el atardecer del viernes hasta el atardecer del sábado. Nada de email, ni de redes sociales, ni nada de nada. A medida que la oscuridad va llegando, me siento frente a mi ventana y miro el cielo un rato. Luego enciendo una vela y, mientras la sujeto, canto una canción que aprendí en mi niñez para entrar en el mágico y misterioso período del *sabbat*. En el momento en el que vuelvo a dejar la vela sobre la mesa, puedo sentirlo: mis hombros se relajan, mi respiración no es tan dificultosa y, generalmente, el cansancio que he sido capaz de postergar me alcanza, y me meto en la cama hacia las nueve. Si de verdad lo estoy sintiendo, enciendo incienso. Sin mi tecnología, no hay música ni *podcasts* que escuchar, por lo que estoy en silencio, frecuentemente por primera vez en días. De repente me encuentro con la oportunidad (o la fuerzo, dependiendo del día) de mirar hacia mi interior.

Esta práctica de «descansar» de la tecnología es bastante diferente a la vida cotidiana, donde el mundo es nuestro para poder consumirlo: para elegir, filtrar, pulsar y disfrutarlo. Inevitablemente, la tecnología moldea nuestra realidad. Trabajamos, compramos, nos relajamos y encontramos el amor en nuestras pantallas con un tamaño de bolsillo; y pese a resultar muy práctico, nos echamos a perder por nuestra compulsión por consultar las fuentes de noticias, navegando hasta bien entrada la noche. El tecnólogo Kevin Kelly explica que a cada nueva tecnología le lleva una década que la sociedad llegue a un consenso sobre qué etiqueta necesitamos para controlarla. Por ejemplo, pasaron diez años después de la invención de los teléfonos móviles hasta que los fabricantes introdujeron la opción del modo silencioso o vibración; y como las conversaciones reales tienen dificultades para competir incluso con un teléfono en modo silencio, estamos en medio del aprendizaje sobre cuándo dejar los móviles fuera de la vista o incluso, si somos valientes, apagarlos completamente. Nuestros dispositivos móviles nos conceden tres deseos, explica Sherry Turkle, la directora y fundadora de la Iniciativa sobre la Tecnología y el Yo (Initiative on Technology and Self) del MIT, en su libro *En defensa de la conversación: El poder de la conversación en la era digital*: «Primero, que siempre seremos oídos; segundo, que podemos centrar nuestra atención donde queramos que se encuentre; y tercero, que nunca tendremos que estar solos». Ese deseo final nos niega una experiencia crucial de conexión con nuestro auténtico yo.

Investigadores canadienses han mostrado que mirar fijamente a pantallas nos deja distraídos, distantes y agotados. Un estudio de 2018 de la Universidad de Columbia Británica comprobó que la gente que usa teléfonos móviles durante las interacciones sociales obtiene un menor disfrute del tiempo pasado con sus amigos y familiares, mientras que otro estudio dirigido por Sara Konrath en la Universidad de Indiana llegó a la conclusión de que aquellos a los que les cuesta identificar y procesar sus emociones emplean las redes sociales con mayor frecuencia que aquellos que están en contacto con sus sentimientos. Esto es preocupante, ya que el estadounidense medio pasa ahora diez horas al día mirando a una pantalla. Incluso miramos cuando no hay nada que ver. El 67 % de todos los propietarios de teléfonos móviles chequean el suyo en busca de mensajes o de otras alertas incluso aunque no perciban que su terminal vibra o suena; y no es sólo cómo nos sentimos durante el día: un estudio de 2016 de la Universidad de Pittsburgh concluyó que los adultos jóvenes que pasan muchos tiempo en las redes sociales es más probable que sufran de alteraciones del sueño que sus compañeros. Todo esto apunta al valor de tomarse un descanso regular y total de nuestra tecnología.

La directora de cine Tiffany Shlain ha sido, desde hace muchos años, defensora de los *sabbat* tecnológicos. En su serie de vídeos *The Future Starts Here* (*El futuro empieza aquí*), explica: «Me encanta la tecnología, pero siento como si estuviera respondiendo constantemente a todo el mundo y no respondiéndome realmente a mí misma. Hace algunos años empecé a pensar mucho en el tiempo. Mi padre estaba muriéndose debido a un cáncer cerebral, y a veces sólo tenía una hora buena al día. Por lo tanto, esto me hizo pensar en el poco tiempo del que disponemos. Durante esa época, mi familia y yo decidimos desconectarnos completamente de la tecnología un día a la semana». Tiffany se vio inspirada por el National Day of Unplugging (Día Nacional de la Desconexión), que consiste en un día del año en el que se reta a los usuarios normales de tecnología a tomarse un descanso y dejar su teléfono móvil en un pequeño «saco de dormir» en el que pueda reposar sin peligro, mientras los «desconectados» pasan tiempo dedicándolo a la jardinería, hablando los unos con los otros, o simplemente descansando. Dejar mis dispositivos tecnológicos fuera de la vista se ha convertido en algo esencial. Si puedo ver mi ordenador portátil o mi móvil tirados por ahí, es sorprendente lo tentador que puede resultar meterse en las redes sociales o leer mi correo, especialmente cuando llegan las tres de la tarde del sábado y estoy un poco aburrido de leer.

Durante la semana, Shlain se describe como una «máquina de *pinball* emocional», bombardeada con emails, llamadas y alertas. Cuando llega su *sabbat* tecnológico, «es como si una válvula de presión dejara salir los datos, artículos y cotilleos que consumo a diario. Me siento mucho más con los pies en la tierra y equilibrada», explica. «Me siento una mejor madre, esposa y persona».

Sorprendentemente, he aprendido que no tengo que responder todo el tiempo. Desde que coloqué una pequeña nota en mi firma de los correos electrónicos que dice «Estoy desconectado desde el atardecer del viernes hasta el atardecer del sábado, ya que sigo un *sabbat* tecnológico», frecuentemente me preguntan si no me preocupa perderme una llamada importante. Hasta el momento no me he visto afectado por emergencias y no he perdido ninguna oportunidad de esas que sólo pasan una vez en la vida, e incluso aunque me perdiera una llamada urgente, ese tiempo sosegado acumulativo puede que siga valiendo la pena.

Tomarnos un tiempo alejados de nuestra tecnología nos proporciona el espacio, el tiempo y la energía para reconectarnos con nosotros mismos. Podemos desacelerarnos mental y físicamente. Me encanta dedicarme a mi diario durante mis días de *sabbat*, escribiendo pensamientos procedentes de mi flujo de conciencia, y frecuentemente doy con nuevas ideas o inspiración a medida que mi cerebro se desenmaraña del intenso barullo en el que estaba envuelto. Heschel escribe: «No debemos olvidar que no es algo que dé importancia a un momento, sino que es el momento el que da importancia a las cosas»; pero a no ser que nos tomemos tiempo lejos de las interrupciones incesantes, no podremos estar presentes en esa importancia. Con un *sabbat* tecnológico podemos, finalmente, estar presentes para nosotros mismos y para la importancia de estar vivos.

Sabbat de los demás

Podemos traer el *sabbat* a nuestra vida actual para generar conexión con nosotros mismos tomándonos un *sabbat* de los demás. Para algunas personas se trata del baño que se dan el domingo por la noche. Para otras se trata de una carrera larga a solas. Independientemente de lo que sea, te invito a hacer que sea intencional y a marcar unos límites claros, de modo que puedas asegurarte de respetar tu tiempo a solas.

Mi marido ha aprendido que mi tiempo de *sabbat* supone más que una oportunidad para mí para alejarme de los emails de trabajo y los hilos de Twitter: también tiene que ver con estar conmigo mismo. Él pasa, generosamente, algunas horas haciendo recados o yéndose a ver una película, dándome el supremo lujo de disponer de algo de espacio y tiempo sólo para mí. Aunque como supervisor en Harvard vivo con veintiocho estudiantes universitarios de primer año en el mismo pasillo, un *sabbat* semanal me aporta una especie de minivacaciones, una oportunidad para un reinicio mental y para volver a centrarme espiritualmente.

El *sabbat* no es un período para ponerse al día con las tareas, y tampoco es, simplemente, un momento de descanso para prepararse para una semana ocupada. Es un período para deleitarse en la belleza y el placer del simple hecho de ser. El *sabbat* «no es con el fin de recuperar la fuerza perdida y ponerse en forma para el trabajo que está por venir», escribe Heschel. «El *sabbat* es un día por el bien de la vida… El *sabbat* no es en beneficio de los días laborables: los días laborables son por el bien del *sabbat*». Ésta fue una revelación para mí: pensar en el tiempo del *sabbat* como el punto culminante de la semana, un «clímax de la vida». Empecé a esperar con ilusión los momentos en los que leía por el amor a la lectura, en lugar de por aprender o por la productividad. Leía ficción histórica, como las novelas de Maurice Druon, y me encontré a mí mismo en aventuras de ciencia ficción con N. K. Jemisin. Leer durante el tiempo del *sabbat* me abrió nuevos mundos porque estaba libre de las limitaciones que me había creado. «El objetivo de la novela es que seas libre en tu cabeza», escribe el periodista Robert McCrum en una entrevista para *Five Books*. «No hay vigilancia. La lectura te libera de verdad».

El *sabbat* invierte algunas de las historias más destructivas que nos contamos a nosotros mismos: que somos lo que hacemos, que sólo valemos por lo que creamos. «El *sabbat* es el inspirador y los otros días son los inspirados», escribe Heschel. Se nos permite ser la plenitud de quienes somos y disponemos del espacio para sumergirnos en profundidad en cuestiones o decisiones importantes. Podemos tomarnos tiempo para ponderar las cosas, para tener pensamientos hasta el final sin interrupción. En silencio y en soledad redescubrimos pasiones de infancia. El *sabbat* tiene totalmente que ver con recordar quiénes somos de verdad.

Eso puede parecer raro al principio. Pasamos buena parte de nuestra vida sobrevolando la insatisfactoria tierra de nadie entre la verdadera soledad y la comunidad profunda. Parker Palmer argumenta que de aquí es de donde procede la sensación prevaleciente de vacuidad, que nuestras vidas «alternan entre el ajetreo colectivo y el aislamiento individual, pero rara vez permiten una experiencia auténticamente solitaria o corporativa. En este punto medio vivido a medias, nuestra soledad es aislamiento y nuestros intentos por formar parte de la comunidad son pasajeros y decepcionantes». El *sabbat* del ajetreo colectivo no sólo nos libera de la distracción, sino que nos proporciona tiempo a solas, de modo que podamos sumergirnos en profundidad en nuestra experiencia conscientemente, permitiendo que nuestra mente divague. Yo me he encontrado sacando papel y pinturas al pastel o un cancionero. De vez en cuando escribo un poema. Con este lujo del tiempo de *sabbat* logramos explorar partes creativas de nosotros mismos que el día a día mantiene ocultas bajo llave. En la Era de las Pantallas, queda poco espacio para la creatividad amateur. No sentimos el permiso para cantar o bailar porque hemos visto qué aspecto *deberían* tener estas cosas cuando los profesionales actúan. Nunca somos libres de aprender un oficio porque el horror de que alguien vea nuestro trabajo imperfecto es paralizante. En el tiempo del *sabbat* nuestra creatividad no está destinada al rendimiento, sino que es para el disfrute, y quizás incluso pueda ser una ofrenda de agradecimiento por el tiempo y la libertad de los que disponemos.

Probablemente ya hagas algunas de estas cosas o todas ellas, pero puede que haga falta un cambio intencionado para empezar a pensar en este tiempo como en un tiempo sagrado para la soledad. Te invito a cambiar eso. Independientemente de cuál sea tu práctica, haz que se trate de un ritual intencionado. Enciende una vela. Recita un poema. Respira diez veces. Independientemente de lo que hagas, intenta darte cuenta de cómo tomarte este tiempo te sana y ablanda. Nuestra vida interior es la base de nuestra vida exterior, por lo que comprometerse con esta práctica rendirá unos dones incontables. Éste es el cambio de paradigma: los momentos cotidianos pueden ser la base sagrada de tu vida espiritual.

El *sabbat* del trabajo para dejar espacio para el juego

Aunque el tiempo del *sabbat* implica guardar las herramientas cotidianas, no consiste en que nos privemos de algo. Lo cierto es lo contrario. ¿Qué podemos aprender de nosotros mismos cuando apretamos el botón de pausa del trabajo y la productividad y dejamos espacio para el recreo? Tradicionalmente, el *sabbat* es un tiempo para la alegría y la plenitud. Comida deliciosa, buena compañía… ¡incluso el sexo es un *mitzvah* (mandamiento religioso judío) durante el tiempo del *sabbat*! Tan maravilloso es el *sabbat* que los judíos lo cumplen tradicionalmente durante veinticinco horas en lugar de durante un día completo, deleitándose tanto en el tiempo de reposo que existe el deseo de aferrarse a él una hora más. Habitualmente, el *sabbat* se recibe como a una reina o una novia: se limpia la casa y cada miembro del hogar tiene el mejor aspecto posible. Inspirado por esta tradición, me gusta hacer ver que el tiempo del *sabbat* es como asistir a una boda de la realeza. Tengo la suerte de haber sido invitado y voy a sacarle el máximo provecho disfrutándola. Si estás explorando la práctica del *sabbat*, te invito a descubrir cómo podrías crear algunos rituales que te ayuden a entrar en el tiempo del *sabbat* y que puedan dar rienda suelta a tu espíritu creativo o juguetón.

Los *sabbat* pueden durar más de sólo un día y, por supuesto, pueden celebrarse con otras personas. Uno de los casos prácticos de nuestra investigación para nuestro artículo «How We Gather» fue Camp Grounded, un campamento de verano para adultos. Fundado en 2013, Camp Grounded se describe a sí mismo de la siguiente forma: «Imagina un lugar en el que los adultos se dejen ir por completo, se comporten de forma real y verdaderamente rara, se rían incontrolablemente, canten durante las comidas y se queden despiertos hasta tarde hasta que se queden dormidos en un tipi… sólo para despertarse al cabo de unas pocas horas para [disfrutar]… practicar el *paddle surf* al amanecer o yoga matinal, manualidades y competiciones tontas. Se visten con disfraces divertidos, bailan mucho, actúan en el espectáculo de talentos, se ponen apodos los unos a los otros y juegan muy y muy duro. Todo ello sin consumir drogas ni alcohol, sin salir en Instagram ni actualizar su estado en Internet, y sin hablar sobre a qué se dedican. Es surrealista e increíble».

Fundado por Levi Felix, Camp Grounded tomó los principios del *sabbat* y creó una experiencia de una semana basada en esas normas. Alejarse de la tecnología y de las identidades en el puesto de trabajo permitía a los participantes reconectar con su creatividad interior.

Pintar y cantar, reír y hacer el tonto. Escribir cartas a mano y sentarse alrededor de la fogata. Felix fundó Camp Grounded después de que un susto debido a un problema de salud interrumpiera una carga de trabajo de cuarenta y ocho horas semanales y un foco total en su carrera profesional. Esto le recordó que debía trabajar en aquello que le importara de verdad. Lamentablemente, después de cuatro años de magia de Camp Grounded, falleció debido a un tumor cerebral; pero ha dejado un legado. «Era un catalizador para que mucha gente se pudiera en contacto consigo misma y desencadenara conversaciones constructivas», explica Andrew Horn, un amigo.

Los campamentos veraniegos siempre me ha recordado al tiempo del *sabbat* también. Cuando tenía once años, llegué a una estación de tren de una zona rural de los Países Bajos, donde me recibieron los jefes del campamento, que llevaban unos disfraces raros y que nos acompañaron, en bicicleta, hasta la entrada del campamento. Allí encendieron una «nave espacial» formada por una fila de la conga, de modo que pudiéramos viajar juntos por el tiempo. Todos nuestros relojes se adelantaron dos horas (de modo que disfrutásemos de las fogatas más temprano), y sólo después de haber accedido al «huso horario del campamento» pudimos caminar hasta el campo en el que nos esperaban nuestras tiendas de campaña y el lugar donde se encendía la fogata. No hacían falta estructuras épicas o viajes a lugares lejanos, sino que podíamos acceder a una realidad distinta mediante un pequeño ritual y enormes cantidades de entusiasmo. Aunque las normas y la mentalidad del campamento quizás no sean posibles durante todo el año, por lo menos nos estaba esperando para que regresáramos a su dulce carácter juguetón y alegría siempre que estuviéramos listos. Esto es lo que Heschel quería decir cuando dijo que el *sabbat* era un palacio en el tiempo. También puedes imaginar una hermosa catedral en el tiempo. Accedemos a ella con el mismo asombro e inspiración. Ciertamente, acceder al *sabbat* significa entrar en un encuentro con la realidad divina, independientemente de dónde estemos. No hay necesidad de un templo o una iglesia físicos, y ni siquiera de un hermoso bosque. Ésa es la belleza del tiempo sagrado: se expande por todos los lugares y es accesible para nosotros, sin importar dónde nos encontremos.

Aquí tenemos la belleza del *sabbat* para explorar el juego: en realidad se trata del *sabbat* para explorarte a ti mismo. Si te pareces en algo a mí, aprendiste en el campamento de verano que no eras tan malo con la artesanía. Puede que mediante el *sabbat* descubras que te produce gran placer tocar un instrumento, que es algo para lo que nunca hubieras sacado tiempo para tenerlo en consideración si no hubieras instituido un período determinado de descanso de todo lo demás. Por supuesto, aprender una nueva habilidad o dominar algo no es el objetivo del *sabbat*. No tienes por qué y, de hecho, no deberías jugar con un objetivo. Las aficiones no tienen por qué convertirse en ajetreo. Dejar sitio para el juego consiste en aprender qué cosas te provocan alegría y sacar tiempo para esas cosas especiales.

Llevar el *sabbat* a nuestra vida

Recuerda lo que te prometí al principio de este libro: ya estás llevando a cabo la mayoría de estas prácticas. Todo lo que nos estamos preparando para hacer es simplemente el siguiente paso para hacer que sean más profundas y darles una intención. Probablemente ya dispongas de algunos planes B para cuidar de ti mismo que te ayuden a encontrar la soledad, o de algunos trucos para encontrar «tiempo para ti». Puede que ya intentes limitar el tiempo que pasas frente a las pantallas. Puede que practiques yoga cada jueves para alejarte de tu escritorio, tus hijos o lo que sea que ocupe la mayor parte de tu tiempo. Mi invitación consiste en convertir esas prácticas en momentos regulares y sagrados de *sabbat*. Anótalo en el calendario. Conviértelo en una norma. Pese a que he elegido ceñirme al período tradicional, el *sabbat* no tiene por qué restringirse a los viernes por la noche. Podemos iniciar el período del *sabbat* en cualquier momento que queramos, pese a que la tradición recomienda un ritmo regular. Hacia el miércoles ya suelo estar fantaseando sobre mi viernes noche de *sabbat* tecnológico, que siempre implica una larga ducha y una rutina especial de hidratación para dar la bienvenida al minirretiro. La disciplina es clave, y es la cosa con la que más batallo, especialmente cuando estoy lejos de casa. El consejo de Heschel habría sido severo: «Lo que somos depende de lo que el *sabbat* sea para nosotros». Cuando mantenemos un *sabbat*, logramos practicar el decir «No». Nadie nos va a obligar a hacerlo. Nuestros empleadores siempre nos agradecerán las horas extra que trabajemos. Debemos ser nosotros los que escojamos el *sabbat*, y eso es enormemente difícil. Detenerme suele ser lo último que quiero hacer. Me preocupa que pararme signifique fallarle a alguien, ya que detenerse no tiene sentido entre las normas de la competición y la cultura del progreso. Tricia Hersey, creadora del Nap Ministry (Ministerio de la Siesta), describe el Descanso como una forma de resistencia, porque hace presión contra el capitalismo y el supremacismo blanco. «Nuestros cuerpos son un lugar de liberación», explica en su página web. Su trabajo se opone a la narrativa de que no estamos haciendo lo suficiente y que deberíamos estar haciendo más. Detener nuestro trabajo nos obliga a jugar con un conjunto de normas distinto, al igual que hacían Felix y los participantes en Camp Grounded. Nuestro perfeccionista interior debe morir simplemente un poco cada vez, y la muerte puede ser dolorosa e incluso humillante; pero la promesa de reposo, de una vida nueva o de un mundo transformado es válida todas y cada una de las veces. Frecuentemente me digo que el trabajo no está acabado y que pese a ello sigue siendo el momento de parar.

Por último, un *sabbat* de un tipo u otro es necesario para conectar con nosotros mismos. El gran escritor y monje Thomas Merton escribió en su libro *Los hombres no son islas*: «No vivimos más plenamente por el mero hecho de hacer más, ver más, saborear más y experimentar más cosas de lo que hemos hecho antes. Por el contrario, algunos de nosotros necesitamos descubrir que no empezaremos a vivir más plenamente hasta que tengamos la valentía de hacer, ver, saborear y experimentar mucho menos de lo normal». Merton nos conmina a encontrar a nuestro verdadero yo, incluso aunque esa simple dignidad esté envuelta en una «pobreza elemental», tal y como lo expone. En el tiempo del *sabbat*, llegamos a conocernos tal y como somos, y con ello viene una genial autocompasión. El *sabbat* nos proporciona perspectiva. Nos reconecta con nuestra imaginación. Podemos visualizar nuevas formas en las que podría funcionar el mundo. «El *sabbat* no es, simplemente, la pausa que revitaliza. Es la pausa que transforma», escribe el teólogo Walter Brueggemann.

El tiempo del *sabbat* tendrá un aspecto distinto para cada uno de nosotros. Gran parte de ello depende de las responsabilidades en cuanto a cuidados que tengamos y del ritmo de nuestra vida; pero incluso aunque no podamos estar solos, podemos llegar a compartir tiempo de forma distinta mediante la simple creación de un pequeño ritual con una vela o una pieza de música. Podemos cantar, o pintar, o dormir con espíritu de entrega. Podemos regresar a una introspección en la que nos hagamos amigos de nuestro silencio y nuestra soledad. Manteniendo un *sabbat* podemos recordar que todo está bien y que formamos parte del parentesco invisible de todas las cosas, que somos queridos y hermosos. El *sabbat* nos ayuda a conectar con nosotros mismos recordándonos que somos, totalmente, lo suficientemente buenos tal y como somos.

Capítulo 2

CONECTAR CON LOS DEMÁS

Mi compañera cofundadora de la *startup* Sacred Design Lab, Sue Phillips, explica que conectar con el yo está inextricablemente unido a conectar con los demás. La pregunta «¿Quién soy?» conduce inevitablemente a «¿De quién soy?», porque quien comprendemos que somos está inherentemente moldeado por la gente con la que estamos relacionados. Este capítulo explora cómo podemos transformar antiguas prácticas que nos ayuden a ser más humanos juntos, cómo incrementar la calidad de las relaciones que ya tenemos y quizás cómo abrir puertas también a nuevas conexiones.

Las investigaciones nos aseguran que esto es lo que hace que la vida tenga sentido. El Harvard Study of Adult Development (Estudio de Harvard del Desarrollo Adulto), que empezó en 1938, en medio de la Gran Depresión, ha monitorizado a más de setecientos hombres, y a veces a sus cónyuges, para comprender qué es lo que constituye una vida de salud y felicidad. Después de ochenta años de investigación, los científicos llegaron a la conclusión de que la calidad de las relaciones de los participantes con sus amigos, familiares y parejas era lo que más importaba. Los investigadores recopilaron todo tipo de datos. Cada pocos años, el personal investigador compiló historiales médicos y datos de escáneres cerebrales y entrevistó a los participantes con respecto a distintos aspectos de sus vidas. En los últimos años, los investigadores también hablaron con los cónyuges y los hijos de los participantes y filmaron sus interacciones cotidianas en su hogar.

Robert Waldinger, profesor clínico de psiquiatría de la Facultad de Medicina de la Universidad de Harvard, que es la cuarta persona en dirigir al equipo investigador a lo largo de las décadas, explica tres conclusiones clave del estudio. En primer lugar, las conexiones sociales son buenas para nosotros. Hay uno de cada cinco estadounidenses que dicen que se sienten solos, y las relaciones con nuestra familia, amigos y nuestra comunidad en general nos ayudan a llevar una vida más larga y feliz. En segundo lugar, no es tanto el número de relaciones en nuestra vida, sino su calidad, lo que más importa. Vivir en medio del conflicto es profundamente destructivo para nuestra salud, mientras que vivir en medio de relaciones cariñosas es protector. Cuando los investigadores miraron hacia atrás y se fijaron en los datos recopilados hacía décadas, descubrieron que los niveles de colesterol eran menos indicativos del estado de salud y de la felicidad que el nivel de satisfacción en las relaciones. «La gente que estaba más satisfecha con sus relaciones a los cincuenta años era la que estaba más sana a los ochenta años», explica Waldinger. En los días en los que sufrían más dolor físico, la gente mayor con unas relaciones satisfactorias era igual de feliz que en la época en la que se sentía bien; pero en el caso de los participantes ancianos con unas relaciones insatisfactorias, su dolor físico se veía magnificado por el dolor emocional. Por último, el estudio concluyó que las buenas relaciones no sólo protegen a nuestro cuerpo, sino que también protegen a nuestro cerebro. Cuando nos sintamos como si pudiéramos contar con otras personas en momentos de necesidad, nuestra memoria permanecerá intacta durante más tiempo.

Waldinger, además de su empleo principal como científico, también es un sacerdote Zen. Sus investigaciones han influido enormemente en su propia vida. «Es fácil quedarse aislado», explica, «quedar atrapado en el trabajo y no recordar: "Vaya, hace mucho tiempo que no veo a estos amigos", por lo que intento prestar más atención a mis a mis relaciones de lo que solía».

Y estos tipos de relaciones cariñosas deben cuidarse. Tal y como hemos visto, nuestra tecnología suele interponerse. Escribiendo para la revista *Greater Good*, de la Universidad de California en Berkeley, Mark Bertin, el pediatra del desarrollo, explica que el uso de las redes sociales «puede reducir nuestra autoestima, incrementar nuestra ansiedad y depresión y, paradójicamente, hacernos sentir más aislados socialmente». En lugar de ello necesitamos otras formas de generar una comunión con los demás. Mucha gente batalla con esto: hay un número creciente de libros y artículos sobre la soledad y la crisis de pertenencia, tal y como valoré en la introducción. Un estudio de 2018 de veinte mil estadounidenses reveló que el 27% rara vez o nunca sienten que hay gente que les entiende de verdad, mientras que sólo alrededor de la mitad tienen interacciones sociales importantes (como por ejemplo mantener una larga conversación con un amigo o pasar tiempo de calidad con su familia) en persona a diario.

Pese a ello, muchas personas han dado con formas de cultivar conexiones con los demás que sean importantes y que equivalgan a lo que Waldinger identificó como «la buena vida». En nuestra investigación para nuestro artículo «How We Gather», vimos dos tendencias constantes de desarrollo de una comunidad: la gente que se reúne para comer y la gente que se junta para hacer ejercicio. Este capítulo recurre a antiguas prácticas de creación de rituales a la hora de las comidas y a ser consciente de nuestro cuerpo para intensificar estas actividades cotidianas de establecer vínculos con otros a modo de prácticas espirituales.

Comer juntos como práctica sagrada

A la madre de Lennon Flowers le diagnosticaron cáncer cuando Lennon estaba en su último año en el instituto. Cuatro años después falleció, justo cuando Lennon estaba acabando su último año en la universidad. Lennon, que procedía de Carolina del Norte, acabó mudándose a Los Ángeles, y vio que disponía de pocas formas de hablar sobre su madre y acerca de la vida que había llevado, sobre cómo su influencia había moldeado a la persona en la que Lennon se había convertido, y cómo la ausencia de su madre había complicado su historia familiar. «No sabía cómo traerlo a una conversación sin asustar a mis nuevos amigos», explica Lennon. Cuando le preguntaban sobre sus planes para el Día de la Madre o el Día de Acción de Gracias, la conversación acababa de forma incómoda. «Era algo que mataba las conversaciones».

Lennon anhelaba estar con gente que comprendiera su experiencia. Por lo tanto, a finales de 2010, Lennon y su amiga (y futura cofundadora) Carla Fernandez, celebraron una cena en el patio trasero de la casa que compartían. Conectado por un grado social de separación, este grupo de veinteañeros encontró lo que estaban buscando los unos en los otros: gente que pudiera validar la intensidad y la importancia de una experiencia. Alrededor de esta mesa y con estas personas, pudieron emplear su experiencia como trampolín hacia unas vidas más ricas, honestas y empáticas.

Ésa fue la fundación de la Dinner Party (Velada para cenar), una de las comunidades favoritas que estudiamos en «How We Gather». El grupo de amigos empezó a reunirse cada mes. Al poco, los cinco pasaron a ser seis, y al poco tiempo, amigos y amigos de amigos estaban pidiendo unirse. Nuevos anfitriones de mesa empezaron a reunir a gente en San Francisco, Washington (Distrito de Columbia) y la ciudad de Nueva York. En la actualidad hay doscientas setenta mesas que se reúnen regularmente en noventa y cinco ciudades y pueblos de todo el mundo, y en todas ellas la gente se junta para cenar. Generalmente, cada invitado trae un plato casero o un alimento, frecuentemente uno que les recuerda al ser querido que han perdido; y como todos los componentes del grupo están viviendo su vida después de una pérdida, no hay ningún tema prohibido en la mesa. Pueden ser honestos con respecto a su ira y alivio, como en lo tocante a la tristeza que sienten; y a medida que va pasando el tiempo, el agobio inmediato de la pena se funde en una vida en la que el duelo tiene su lugar al lado de la alegría. Las dificultades en el trabajo, las nuevas relaciones, los cambios en la familia: todos estos temas son bienvenidos en la mesa.

No hay mejor forma de desarrollar una comunidad que comer juntos. Durante milenios, los humanos hemos compartido el alimento. Al principio lo hicimos debido a la necesidad biológica de compartir el botín de la recolección y la caza, y más adelante como expresión de amistad. Compartiendo el mismo cuenco, los rivales potenciales podían mostrar que uno no iba a envenenar al otro. La leyenda dice que ésta es también la razón por la que brindamos, haciendo chocar las copas, antes de una comida; como si al tocarse nuestro vaso o jarra, el líquido de uno fuera a saltar al otro y así pudiéramos estar todos tranquilos en lo tocante a nuestra seguridad. Comer juntos siempre ha sido la forma en la que hemos creado una comunidad. Es un espacio y un momento asignado para estar juntos, y el acto de comer proporciona interrupciones que hacen que la conversación se desarrolle de forma natural o que ayudan a templar las introducciones incómodas. Es bien sabido que la cineasta Nora Ephron, que dirigió mi querida película *Tienes un email*, escribió: «Una familia es un grupo de gente que come lo mismo para cenar».

Algunos de los rituales religiosos más importantes se centran en compartir la comida o la bebida. Piensa en la ceremonia japonesa del té inspirada por la tradición budista Zen; o en el *langar* de los sijs, que consiste en una comida comunitaria en la que todos los estratos sociales comen juntos, independientemente de su casta o credo. Durante el ramadán, los musulmanes rompen su ayuno al final del día con un *iftar* o cena; y por supuesto, el centro de la tradición litúrgica cristiana consiste en la celebración de la Eucaristía o la Cena del Señor. Pese a que el típico pedacito de la hostia y el sorbito de vino distan mucho de ser la comida como tal que este ritual recrea, sonsaquemos algunas de las lecciones que esta tradición ofrece con respecto a la comida compartida como práctica sagrada.

Sentándonos juntos, señalamos que nos necesitamos los unos a los otros. El teólogo cristiano ortodoxo Alexander Schmemann escribe que «comer sigue siendo algo más que mantener las funciones del organismo. Puede que la gente no comprenda lo que es ese "algo más" pero, no obstante, desea celebrarlo». Schmemann nos ofrece un conocimiento mientras creamos nuestra propia práctica sagrada de comer: argumenta que algo reverencial sucede cuando compartimos una comida. Puede que esto suene abstracto, pero su razón para ello tiene sentido cuando comprendes que se basa en una interpretación poco común de la tradicional liturgia de la Comunión en la que los cristianos reciben el cuerpo y la sangre de Cristo. Los teólogos tienden a centrarse en lo que le sucede al alimento: ¿Se *convierte* en el cuerpo de Cristo o simplemente lo *simboliza*? Pero Schmemann no hace esas preguntas. En lugar de ello, escribe en su libro *Para la vida del mundo: Liturgia, sacramentos, misión*, que «debemos comprender que lo que le "sucede" al pan y al vino le sucede porque, en primer lugar, algo nos ha sucedido a nosotros». Que el pan y el vino hayan cambiado se debe a que *nos* hayamos reunido (al entender de Schmemann, en forma de la comunidad de una iglesia). En este momento sagrado juntos, escribe: «nos encontramos… más allá del tiempo y el espacio».

¿Puedes oír aquí el eco de la idea de Heschel: que el *sabbat* es un palacio en el tiempo? De la misma forma, una práctica sagrada nos hace salir de nuestros hábitos cotidianos y nos introduce en una presencia más profunda. En este caso, nuestra presencia es con la gente que tenemos a nuestro alrededor, y eso es lo que sucede en la Dinner Party. Comer juntos permite una experiencia más profunda de conexión. «Sabemos cómo estar juntos en torno a una mesa», explicaba Lennon cuando mantuvimos una conversación telefónica. «Entrar en una habitación con sillas formando un círculo para así facilitar la conversación siempre va a hacernos sentir más agarrotados que sentarse para cenar y pasarle la ensalada a tu vecino. Mientras cenas puedes charlar alegremente con la persona que tienes al lado, o tomar tu tenedor si no quieres pronunciar palabra». Y para aquellos que han perdido a seres queridos debido al cáncer, como le ha sucedido a Lennon, cenar juntos tiene una relevancia adicional. «Pienso en la pérdida de apetito de mi madre durante la quimioterapia. No sólo fue duro para ella físicamente, sino que además padecía esa enorme pérdida social por no ser capaz de compartir comidas con sus amigos». Comer juntos reafirma el simple hecho de estar vivo.

Esta práctica compartida ha modificado el punto de vista de Lennon con respecto a la propia comunidad del Dinner Party. Sí, es una comunidad que se reúne en torno a la experiencia del dolor; pero en realidad no es para eso.

La aflicción era una experiencia que desconectaba a la gente, y la Dinner Party es un ritual moderno que supera esa desconexión y ayuda a la gente a reconectar. El equipo de Lennon se dio cuenta de esto después de que los anfitriones empezaran a recibir notas que preguntaban si la muerte de una mascota, o un distanciamiento, o haber sobrevivido a la violencia sexual «contaban» como pérdida para la comunidad Dinner Party. «Nos dimos cuenta», explica Lennon, «de que no somos exclusivamente un vehículo para conectarnos en torno a la pena por la muerte o la pérdida, sino para tomar fuentes de lucha y convertirlas en experiencias de conectividad». La Dinner Party incluso ha inaugurado una organización paraguas para ayudar a compartir sus principios y metodologías con otros que estén intentando crear una comunidad valiosa alrededor de personas que se están quedando aisladas. La mesa para la cena era su caldero alquímico que transformaba el sufrimiento en conexión.

La Dinner Party ya no es simplemente una pequeña reunión regular en Los Ángeles, sino que es una comunidad a nivel mundial con personas corrientes que generan conexiones importantes las unas con las otras. Los participantes pueden «unirse a la mesa» o convertirse en anfitriones habituales, y esta creación de una comunidad de forma natural ha establecido un lugar poderoso en el que reunirse y sanar juntos.

Un ritual antes de comer

No todas las cenas van a ser así, y está perfectamente bien que la mayoría de las comidas sean anodinas (y para ser honesto, de vez en cuando, estar sentado frente a una pantalla viendo vídeos de YouTube es exactamente lo que necesitamos). Las veladas para cenas de todas las formas y tamaños pueden ayudar a desarrollar una comunidad y ofrecer apoyo, ya se trate de cenas en las que cada invitado trae un plato cocinado por él o de clubes de lectura o de una noche de juegos; pero cuando queremos experimentar una comida sagrada, ¿cómo establecemos ese tipo de intención? ¿Y cómo nos aseguramos de que no seamos los únicos que nos presentamos con esa esperanza de una conexión más profunda? Aquí es donde recurrimos a las tradiciones de la bendición y el ritual.

Cuando era niño, siempre que mi familia se sentaba a la mesa de la cocina para cenar, nos tomábamos de las manos y cantábamos una sencilla melodía:

Bendiciones sobre las flores de los árboles, bendiciones sobre la fruta, bendiciones sobre la hoja y el tallo, bendiciones sobre la raíz. Bendiciones sobre la comida y paz en la Tierra.

Puede que tu familia también tenga una bendición, una oración o unas sencillas palabras de gratitud que se pronuncien antes de que todos empiecen a comer. Durante comidas especiales, como la del Día de Acción de Gracias, incluso aquellos que no tienen muchos rituales en su vida doméstica compartirán algunas palabras de agradecimiento antes de empezar a comer. Un pequeño ritual puede trasformar la mesa. El simple hecho de mirarse a los ojos, alzar una copa y decir: «¡Es bueno que estemos juntos!» nos recuerda que no hay nada más que hacer que disfrutar de la compañía mutua. También puede que escojas simplemente encender unas velas en silencio o tomaros de las manos durante algunos segundos, proporcionando así a todos un momento de calma antes de empezar a comer.

Es sabido que el antropólogo Clifford Geertz escribió: «En un ritual, el mundo vivido y el mundo imaginado resultan ser el mismo mundo». En otras palabras, el ritual nos invita a acceder a una forma de vida que quizás apenas entreveamos, a ser transportados hacia un futuro que está simultáneamente lleno de nuestra intención y que pese a ello sigue siendo deliciosamente impredecible.

Éste es el poder de un momento ritual breve antes de comer. Vuelve a centrar nuestra atención los unos en los otros: nuestra interconectividad. Idealmente, ese énfasis en la relación se expande entonces también más allá de aquellos que se han reunido en torno a la mesa al darnos cuenta de nuestra dependencia de las personas que han sembrado, cultivado, recolectado, clasificado y transportado los alimentos. Nos conectamos a través de la cadena alimentaria y ofrecemos nuestro agradecimiento a las muchas manos que han hecho que la comida sea posible.

Siempre que teníamos invitados, mi madre añadía a nuestra pequeña canción de bendición «¡Y da la bienvenida a Amsterdam!» (o la ciudad que fuera de la que procedieran nuestros invitados). A medida que nos hicimos mayores, mis hermanas y yo refunfuñábamos avergonzados, pero ahora, cuando nos reunimos con nuestras parejas e hijos, pese a que puede que experimentemos una fuerte dosis de ironía al ir a tomarnos de las manos, al final de la canción estamos contentos de haber bendecido la comida y los unos a los otros. Las primeras veces que practicas un nuevo ritual, puede que te parezca algo contracultural, pero algunas palabras simplemente repetidas antes de comer pueden quedar cosidas al tejido de tu familia o tu amistad.

Incluso cuando comes solo, puedes usar la comida para conectar con otros mediante el poder de la imaginación que Geertz menciona. Antes de tomar tu primer bocado, percibe los colores y el olor de tu comida. Después, al llevarte la comida a la boca, percibe cómo responde tu cuerpo: la saliva en tu boca, el hambre en tu estómago. Por último, mientras tomas el primer bocado, disfruta del sabor y ofrece tu gratitud por la exquisitez a cada una de las personas que imaginas que han ayudado a proporcionar esa comida. Intenta, con cada bocado, enviar buena voluntad a cada una de las personas que imagines.

La necesidad de repetición

Pese a que tomar una comida de vez en cuando con desconocidos puede ser algo íntimo y estimulante, el verdadero poder transformador de comunidades como Dinner Party es el desarrollo de relaciones con el tiempo. «Disponemos de tantos relatos ensayados sobre quiénes somos», dice Lennon. «Y la historia cierta que nos contamos a nosotros mismos hace seis meses quizás ya no sea cierta hoy. Nos necesitamos los unos a los otros para ayudarnos a reexaminar las palabras que salen por nuestra boca, para reflexionar sobre lo que está sucediendo con nuestros cuerpos y nuestros espíritus». Con el tiempo creamos unas relaciones reales en las que no hay nada que ocultar, en las que la simple presencia del uno con el otro transmite el amor y el afecto que sentimos mutuamente.

Una clave para este tipo de afecto es la alquimia del tiempo más la proximidad. Durante tres años, Sean y yo vivimos como supervisores (un título elegante para describir a un asistente de una residencia de estudiantes) en los dormitorios para alumnos de primer año de la Universidad de Harvard. En treinta y siete metros cuadrados, encima de la habitación donde John F. Kennedy empezó sus estudios, vivíamos al lado de veintiocho adolescentes mientras avanzaban por su primer año en la universidad. Por supuesto, hubo una o dos fiestas que tuvieron que ser controladas, y muchas conversaciones sobre a qué asignaturas inscribirse, pero la mayor parte de nuestros esfuerzos respaldaban a los alumnos para que desarrollaran relaciones valiosas. Nuestro trabajo consistía en ayudar a los estudiantes a hacer amigos durante las primeras semanas de clases, mediar en los inevitables conflictos entre compañeros de cuarto y celebrar los logros y lamentar las tragedias que acompañan a la vida en un campus; pero lo más importante es que juntábamos a los alumnos de primer año cada semana para comer. Con temas como «Desayuno para la cena», nos dábamos el gusto de cenar tortitas caseras y huevos hasta altas horas de la noche; o «Guacamole», cuando probábamos distintas recetas de guacamole, eran siempre las noches en las que cocinábamos juntos lo que hacía que el grupo se uniera de forma más exitosa.

Hacia el final del año, los estudiantes que habían invertido en relaciones (salir a cenar juntos, quedarse en la residencia para compartir historias) eran los que regresaban a casa a pasar el verano sintiéndose más conectados.

En su discurso de apertura de 2008, eso es exactamente lo que la novelista Barbara Kingsolver apremió a recordar al curso que se graduaba, especialmente al salir a un mundo posterior a la universidad en el que las estructuras de la vida tienen un aspecto muy diferente. Fijándose en antiguos alumnos y padres, reflexiona: «Habéis estado viviendo tan cerca de vuestros amigos que no teníais que preguntarles por sus problemas, sino que teníais que pasar por encima de ellos para entrar en la habitación. Al pasar de vivir en la residencia a un apartamento o donde fuera… habéis tenido una vida tan plena, rodeados de gente, en todo tipo de estructuras sociales y físicas, ninguna de las cuales os pertenecía enteramente. Os dicen que todo eso va a cambiar, que crecer significa abandonar el rebaño, empezando el camino por la larga escalera mecánica hacia el aislamiento. No es necesariamente así. Al marchar de aquí recordad lo que más queríais en este lugar. No la química orgánica, imagino, ni las ardillas alocadas, o ni siquiera los cereales de desayuno… Me refiero a la forma en la que vivíais, en contacto cercano y continuo. Éste es un constructo humano antiguo que tiempo ha era común en esta tierra. Lo llamamos comunidad».

La ironía consiste en que en contextos en los que nos vemos forzados a estar juntos, ya sea en una residencia universitaria o en el adiestramiento militar básico, formamos relaciones que ni siquiera tiene por qué ser amistades. En los comedores escolares de todo el país, al comer juntos una y otra vez, aprendemos que no tiene por qué gustarnos una persona para quererla. Cocinar juntos, sentarse a una mesa para comer juntos, especialmente cuando eso sucede una y otra vez a lo largo del tiempo, es la mejor forma de crear ese contacto cercano continuo.

Respetar el *kosher*

Estoy fascinado por las leyes alimentarias religiosas. Al principio parecen restrictivas, como una reliquia de una época antigua, pero lo que me interesa no es tanto qué alimentos concretos están prohibidos, sino más bien cómo crear normas sobre qué y con quién comer puede mantener a las comunidades unidas.

Tal y como sabe cualquiera que haya preparado una comida para un grupo con múltiples necesidades dietéticas, puede suponer una hazaña hacer que una cena funcione para una mezcla de invitados que son veganos, que no pueden comer gluten, que siguen la dieta paleo o que son intolerantes a la lactosa. Como vegetariano, sé que es mucho más sencillo juntarme con otros vegetarianos. No hay preguntas molestas sobre de dónde obtengo mi proteína y no hay olor a pollo al horno. Tiene sentido que los hogares o los grupos de amigos tiendan a compartir la misma dieta. Piensa en el conjunto de leyes alimentarias judías, llamado *kosher* o *kashrut*. A grandes rasgos, estas normas prohíben comer marisco y cualquier cosa con la pezuña hendida que no rumie, así que nada de cerdo; y no se deben mezclar carne y leche en el mismo plato o en la misma mesa. A lo largo de la historia, esto hizo que comer con otros resultara difícil, por lo que para observar las leyes religiosas, los judíos comían con su propia comunidad; y a pesar de siglos de violenta opresión y diáspora forzada, estas normas han sobrevivido. De alguna forma, han trascendido su contexto religioso original. Incluso entre aquellos que se describen como culturalmente judíos (más que religiosos), muchos hablan sobre la comida como el marcador clave de su identidad judía.

¿Qué sucede si redefinimos las leyes alimentarias en el contexto de nuestros amigos excéntricos, nuestros ocupados socios y, frecuentemente, nuestra frustrante familia? Imagina que aumentáramos nuestras reuniones y cenas casuales para que se convirtieran en compromisos firmes, respetando la norma de comer con el mismo grupo de amigos cada jueves por la noche. O que intentásemos expandir nuestra capacidad para relacionarnos comiendo con nuestro colega menos favorito una vez al mes. En otras palabras, pese a que no necesitamos manifestar qué alimentos podemos o no podemos consumir, deberíamos readaptar un modelo de comprometernos con *aquellos con los que comemos.*

Pese a que no necesitamos una dieta similar para forzarnos a hacer acto de presencia (aunque probablemente es de ayuda que dispongas de un grupo de veganos, que comen parecido a ti, de seguidores de la dieta paleo, o simplemente de un grupo de gente que siempre quiere pizza después del trabajo), nos beneficiamos de este modelo de comidas regulares juntos porque nos hace responsables de las relaciones que más valoramos. Esta práctica implica sentarnos juntos incluso aunque estemos cansados o de mal humor, cuando sabemos que somos nuevos y que será incómodo, o cuando nos hemos peleado con la persona a la que queremos. Significa aceptar que algunas reuniones serán aburridas o desagradables y que debemos permanecer sentados. Piensa en esto como en una dieta de eliminación redefinida. En lugar de prestar atención a los carbohidratos y las proteínas, estamos prestando atención a quién deberíamos invitar a nuestra mesa. Imagina comprometerte a invitar cada sábado por la noche a alguien que necesita una comunidad. ¿Hay alguien que acaba de sufrir una ruptura sentimental, o que ha perdido su empleo, o que tiene una buena noticia que celebrar? Incluso aunque te hayas mudado a una nueva ciudad, puedes invitar a la persona a la que has conocido en el metro o a tu chófer de Uber, a la pareja que vive en el piso de debajo del tuyo o al cajero del supermercado. Así es como comer juntos puede convertirse en una práctica sagrada.

Si eres audaz, me aventuraría a decir que esta redefinición de la ley alimentaria religiosa como un catalizador para un momento establecido para comer juntos puede seguir reivindicando la bendición de la tradición. El rabino Abraham Joshua Heschel escribió: «Puede que el mensaje esencial del judaísmo es que al hacer lo finito quizás podamos percibir lo infinito. Es nuestro deber obtener la percepción de lo imposible en lo posible, la percepción de la vida eterna en los actos cotidianos». Al comer juntos, se nos recuerda nuestra conectividad intrínseca y la dependencia que tenemos de aquellos que hay a nuestro alrededor. La comida en nuestro plato no tiene por qué simbolizar nada más que lo que es: es un «lenguaje de cariño», como dice la autora Shauna Niequist.

Desarrollar relaciones mediante comunidades para la buena forma física

Comer juntos es un método de eficacia comprobada para conectar estrechamente con otros, y lo mismo pasa con nuestra segunda práctica: sudar juntos. Una y otra vez, en nuestra investigación para nuestro artículo «How We Gather», Angie y yo nos encontramos con comunidades que se centraban en prácticas físicas para desarrollar el sentimiento de pertenencia. Tal y como he explicado en la introducción de este libro, nuestro estudio detallado del CrossFit fue el ejemplo de acceso que me ayudó a comprender cómo rituales cotidianos potentes y supuestamente seculares representan un enorme cambio cultural y espiritual.

Tomemos, por ejemplo, el Afro Flow Yoga en Boston, que «promueve la sanación, el equilibrio, la paz y la elevación de toda la humanidad mediante la práctica del yoga, la danza, los ritmos, la espiritualidad y los valores culturales de la diáspora africana». Los fundadores, Leslie Salmon Jones y Jeff Jones, explican que los que lo practican se reúnen para mover el cuerpo, pero también para forjar una comunidad. Cuando participé, nos juntamos todos formando un círculo antes de empezar el entreno para compartir unas palabras de introducción e intención. Lo que me sorprendió fue la parte de compartir: muchas clases de yoga invitan a los participantes a marcarse una intención, pero rara vez les piden que les digan al grupo en qué consiste. Por el contrario, el Afro Flow Yoga adopta el compartir para fomentar el desarrollo de relaciones de una esterilla a otra, y Leslie y Jeff poseen esa presencia amable que invita a todos a sentirse bienvenidos. Han diseñado la experiencia del Afro Flow Yoga no sólo para conectar los unos con los otros, sino también para conectar, a través del tiempo, con los mayores y los antepasados.

Inspirado por las palabras del líder panafricano Marcus Garvey de que «un pueblo sin el conocimiento de su historia pasada, su origen y su cultura, es como un árbol sin raíces», el trabajo de Leslie y Jeff contribuye de forma activa a la sanación del trauma generacional, especialmente el de aquellos cuyos ancestros sobrevivieron al Pasaje del Medio, en el que gente africana fue arrancada de su hogar por la fuerza y esclavizada. Puedes reconocer entonces que el propósito del Afro Flow Yoga es mucho más profundo que el mero hecho de mantenerse en forma. Es un entreno del corazón, un trabajo elaborativo del relato. Es la labor de la sanación comunal.

De forma similar, el Gimnasio Nerdstrong[1] de Los Ángeles no tiene sólo que ver con ganar masa muscular o definir la musculatura. Empezó en un pequeño garaje en el que algunos amigos se reunían para entrenar y luego jugar a juegos como Dragones y Mazmorras. Su fundador, Andrew Deutsch, explica en su página web: «Un día nos dimos la vuelta y se habían presentado quince personas. Fue entonces cuando decidimos abrir nuestro propio espacio y ver si podíamos convertir, con entrenamiento, a un par de frikis empollones en frikis empollones fuertes. Aquí estamos, algunos años después, tras una ampliación de nuestro espacio, con 185 metros cuadrados, muchas pesas y unas de las mejores comunidades que se hayan creado». En Nerdstrong, los entrenos se ven enriquecidos entrelazando relatos de ciencia ficción y fantasía en los movimientos físicos. El programa de entrenamiento Boss Monster, por ejemplo, está hecho para ti si alguna vez has querido intentar pelear contra Thanos, derrotar al Dr. Wily, o derribar a Voldemort. Andrew explica: «Siempre he sentido que mi trabajo consistía en estar a disposición de aquellos a los que la industria de la buena forma física había dejado olvidados: los bichos raros. Así, Nerdstrong es para ellos».

---

1. El nombre del gimnasio es un juego de palabras en inglés con los vocablos *nerd* ('friki', 'empollón') y *strong* ('fuerte'). *(N. del T.)*.

Abrirse camino entre la barrera de la vulnerabilidad

Lo que estas dos comunidades muestran es el potencial para que empleemos el ejercicio físico para profundizar en nuestra conexión los unos con los otros. Ambas ofrecen el establecer vínculos, una experiencia compartida y un lugar seguro para ser tú mismo (incluso aunque eso signifique luchar contra un villano de Marvel). La doctora Jennifer Carter, directora de psicología deportiva en el Centro Médico Wexner de la Universidad Estatal de Ohio, ha explicado que «nuestro cuerpo puede albergar tensión y emociones negativas que pueden eliminarse durante la actividad física». Nuestro cerebro emocional está menos inhibido cuando estamos agotados, lo que significa que los entrenamientos de alta intensidad pueden proporcionarnos una poderosa liberación emocional. Ésta es, pues, la primera práctica que podemos intensificar mediante el ejercicio: derribar nuestras barreras de vulnerabilidad. Muchos de nosotros nos hemos convertido en cínicos insensibilizados mientras avanzamos por el mundo. No nos permitimos la alegría (y el peligro) de bajar la guardia y permitir que otros entren. Entrenar juntos puede ser de ayuda, y en ningún lugar vimos más esto que en SoulCycle.

Al principio de nuestra investigación, Zie Jick, mi compañera de clase en la Facultad de Teología, nos invitó a Angie Thurston y a mí a una clase de SoulCycle. Aunque se estaba formando para ser una erudita judía secular, Zoe explicó que «el SoulCycle es mi religión». Nos presentamos frente a la impoluta fachada, donde había mujeres con atuendos elegantes y ropa deportiva de marca. El personal nos dio una bienvenida cálida: un ingrediente clave del éxito de SoulCycle. La cofundadora Elizabeth Cutler explicó más adelante en una clase en la Facultad de Teología de la Universidad de Harvard que al principio, cuando SoulCycle era un pequeño estudio escondido en un deslucido callejón de la West 72nd Street de la ciudad de Nueva York, la forma en la que forjaron una comunidad fue «queriendo a la gente para que se quedara». Más de una década después, la misión sigue siendo la misma: aportar alma a la gente. En la página web se puede leer: «Nuestros monitores, que son únicos y como estrellas del rock, guían a los ciclistas a lo largo de una experiencia de entrenamiento inspiradora y meditativa diseñada para beneficiar al cuerpo, la mente y el alma. En un habitación oscura iluminada con velas y con música llena de energía, nuestros ciclistas se mueven al unísono como un pelotón al ritmo de la música y siguen la distintiva coreografía de nuestros monitores. La experiencia es tribal, es primaria, es divertida». Durante la clase, que dura cuarenta y cinco minutos, los ciclistas están unidos en su movimiento físico, y cada persona hace girar sus ruedas para coincidir con el ritmo de la música. Es tanto una clase de danza como una de *spinning*, con los hombros echados hacia delante y los traseros levantándose del sillín en sincronía con el resto de la sala.

En nombre, completamente, de la investigación, Angie y yo fuimos a clases de SoulCycle por todo el país. En West Hollywood, nos subimos a la bicicleta estática con Angela Davis, una antigua atleta campeona de Estados Unidos y entrenadora de primeras figuras. Quedé sorprendido al ver que, al contrario que la mayoría de monitores, no se subía a una bicicleta, sino que simplemente paseaba entre nosotros, los ciclistas, compartiendo su mensaje lleno de sentimiento del día. No es ninguna sorpresa que Davis sea una predicadora cualificada: fue estudiante de grado en la Oral Roberts University, una conocida universidad cristiana evangélica de Oklahoma. «¡Hay una bendición esperándoos en esta bicicleta! ¡Id y conseguidla!», proclamaba. «¡Los ángeles están aplaudiendo por vosotros!». Miré a mi alrededor, sorprendido por este lenguaje religioso. ¿Podría ser que esto fuera demasiado para nuestra élite espiritual pero no religiosa y liberal secular? No. Todos estaban vitoreando, sonriendo y gesticulando deliberadamente, esforzándose todavía más. Lentamente, me permití experimentar la actividad, y no simplemente monitorizar lo que los demás hacían de ella. «Hoy es el día en el que reconoces que tu sueño es válido. ¡Ya está en ti! Ya se ha descargado en tu ADN. ¡La capacidad de ser aquello para lo que has sido llamado, creado y destinado está en ti!». Al poco rato fui como arcilla en sus manos. Sentí cómo mi cuerpo decía: «*¡Sí!* ¡Puedo hacer esto! ¡Voy a reclamar lo que me está esperando!».

Con el sudor goteando y cayendo por mi frente, mi mente se silenció y empecé a sentirme parte de algo mayor que yo mismo. Era como si mis compañeros ciclistas y yo formásemos parte de un mayor colectivo mientras hacíamos ejercicio juntos. Me sentía más fuerte, alentado por la gente que había a mi alrededor. Los gritos de ánimo procedentes de la parte delantera y repetidos por los propios ciclistas nos llenaron de energía. Ningún componente de este grupo mayor y unido quería dejar a los demás tirados. Esto es lo que Zoe había descrito. Ésa es la razón por la cual decía que era su religión.

Después de treinta y cinco minutos pedaleando y dándolo todo, llegamos al ascenso de una colina. Ésta es la penúltima canción, en la que el ritmo se ralentiza y se aumenta la resistencia de la bicicleta estática. Todo el estrés y la ansiedad, el miedo y las dudas, estaban desvaneciéndose de nosotros. Ahí estábamos, metafóricamente desnudos, plenamente humanos, en ese momento compartido de sudor lleno de sentimiento. En casi cada clase, ése era el momento en el que brotaban las lágrimas. Frecuentemente, los ciclistas no pueden explicar por qué están llorando, pero las lágrimas brotan de repente. Nada es más indicativo de una comunidad que está cobrando forma que la gente que se siente libre para llorar la una delante de la otra. Esto es lo que hace que el ejercicio sea un poderoso conector, incluso entre desconocidos: son nuestros cuerpos los que hablan. En una cultura que valora la racionalidad y descarta la emoción por considerar que no es digna de confianza, se ha vuelto difícil acceder a nuestro núcleo vulnerable mediante sólo palabras y pensamientos, y especialmente en público; pero con nuestros sentidos sobrepasados por la música alta y la oscuridad, el ejercicio físico atraviesa las barreras que mantenemos, dejándonos abiertos a la conexión real.

Malidoma Patrice Somé, maestro espiritual y escritor de África occidental, explica que antes de iniciar un ritual, eres dueño del viaje. Tú tienes el control; pero «una vez que el ritual comienza, el viaje es tu dueño». Somé argumenta que la falta de rituales modernos en Occidente se debe, en gran medida, a que muchos de nosotros tenemos un deseo arrollador de ostentar el control, lo que es algo opuesto al ritual. «Deponer la sensación de control puede ser aterrador». Pese a ello, eso es exactamente lo que espacios como SoulCycle ofrecen: una experiencia de rendición. El ritual toma el control de los ciclistas, y los monitores también lloran. Willie Holmes explicaba en una entrevista en vídeo: «He sido monitor menos de dos meses, pero he llorado por lo menos tres veces. Ni siquiera sé por qué. No estaba triste, ni furioso, ni molesto, ni nada por el estilo. Simplemente eran lágrimas. Ha sucedido durante la clase, después de la clase, mientras estábamos entrenando. Nunca he sido así en toda mi vida».

Puede que vayamos a un entreno sintiendo la ansiedad y el estrés, la presión y el dolor de la vida cotidiana. Hacer ejercicio juntos puede reiniciarnos en nuestro propio cuerpo, pero también como parte de un cuerpo colectivo. Recordamos nuestra unión. Aprendemos empatía por la experiencia de otra persona. Sentimos que formamos parte de un grupo mayor, con otras personas que sienten todo el espectro de emociones y preocupaciones que sentimos nosotros.

«La comunidad se forja mediante el sufrimiento y la risa»

Una vez que nos encontramos en ese espacio del corazón desnudo y emocionalmente disponible, podemos reflexionar juntos y en mayor profundidad sobre las grandes preguntas de la vida. Frecuentemente, los monitores de SoulCycle hacen preguntas a los ciclistas: «¿Por quién vas a pedalear hoy?» o «¿Qué estás preparado para soltar?». Preguntas como éstas nos ayudan a darle un sentido al sufrimiento físico que sentimos: «Pedaleo por mis hijos», quizás, o «Pedaleo por Neha, a la que acaban de diagnosticar un cáncer de mama». El verdadero truco consiste en compartir esas reflexiones juntos. En el CrossFit, los entrenos suelen implicar a un compañero. Cada pareja quizás tenga que completar ciento cincuenta *burpees*, y entre los dos miembros deciden si repartirse los *burpees* a medias o si el miembro más fuerte hace cien y el otro cincuenta, por ejemplo. En el mejor de los casos, comparten unas palabras sobre sus intenciones antes de empezar, para elevar la práctica y hacer que sea algo más importante. Una comunidad de CrossFit en el norte del estado de Nueva York dirigida por Lauren y Michael Plank ha integrado el estudio de la Biblia, la discusión sobre ella y las oraciones en un entreno que se celebra los viernes por la noche. Michael explica: «Usamos el CrossFit para ayudar a la gente a aprender a cuidar de sí misma, a establecer vínculos en una comunidad y a convertirse en parte de algo mayor que ella misma. Este tipo de ejercicio físico para mantenerse en forma pone, ciertamente, a tu cuerpo a prueba, pero es un reto psicológico enorme; y como lo haces rodeado de un grupo de gente, todas estas barreras se desmoronan». A Greg Glassman, cofundador de CrossFit, le gusta decir que la verdadera comunidad se forja mediante el sufrimiento y las risas compartidos.

Otro excelente ejemplo de este tipo de ejercicio de búsqueda de significado en grupo es la carrera Tough Mudder, el evento en forma de una carrera de obstáculos en equipo en el que participan unas quinientas mil personas cada año. La carrera Tough Mudder crea obstáculos que incorporan tres temáticas: fuerza (obstáculos que son difíciles), miedo (obstáculos que parecen horrorosos) y trabajo en equipo (obstáculos que una persona sola no puede superar). Un obstáculo que se basa en el trabajo en equipo es el Block Ness Monster (Bloque del Monstruo del lago Ness). Consta de una gran piscina de agua de más de un metro de profundidad con un gran bloque que gira en medio. Los corredores deben coordinarse entre sí para hacer girar el bloque para poder cruzar la piscina. Mi amigo, el rabino Elan Babchuk, se junta con un grupo de amigos de la universidad cada año para participar en una Tough Mudder. Su equipo se llama, humorísticamente, «Mountain Jew»,[2] y el viaje se ha convertido en un ritual anual comunitario que le proporciona algunos días lejos del trabajo y de las responsabilidades familiares para poder estar en contacto con viejos amigos queridos de una forma que va mucho más allá que pasar unas horas juntos o una llamada telefónica aleatoria.

«Entrenábamos juntos como equipo durante los meses anteriores a la Tough Mudder, ascendiendo a la carrera las colinas más empinadas de Rhode Island a horas intempestivas, de modo que el primer momento frente al obstáculo de la montaña de esquí no resultara tan amedrentador el día de la carrera. Para cuando estábamos inmersos en la prueba, el mero hecho de superar obstáculos amedrentadores juntos y correr durante cinco horas nos proporcionaba abundantes oportunidades de conectar mucho más intensamente de las que hubiéramos tenido de otro modo. Hacia la tercera hora de carrera ya te has enfrentado a tu miedo a las alturas, has pensado en tu mortalidad

---

2. Se trata de un juego de palabras con «Mountain Dew», el nombre de una marca de refrescos. (N. del T.)

y te has arrastrado a través de barro y alambre de espino como equipo, y todas las barreras normales para la conexión significativa se han eliminado. Las conversaciones cambian de los comentarios sobre los obstáculos a reflexiones sobre la vida, y el cambio se da sin interrupciones».

La experiencia Tough Mudder está diseñada para conectarte físicamente de algunas formas inusuales y desafiantes. Elan explica: «Para cuando llegas a la Terapia de Electroshock, en la línea de meta», donde docenas de cables con corriente cuelgan de una estructura de madera sobre el barro, «y entrelazas los brazos para reducir la descarga inminente, sientes como si hubieras pasado por una transformación completa: como individuo y como miembro de un grupo de amigos».

Por supuesto, unos principios similares se aplican a un grupo de senderismo o de baloncesto informal, o si sales a dar un largo paseo con el perro con un amigo o vecino. La clave consiste en dar con una forma de reflexionar sobre cuestiones importantes juntos durante o justo después de una experiencia compartida y físicamente exigente. Por lo tanto, intenta reclutar a un amigo, marca un hora y luego (al igual que con cualquier práctica sagrada) inicia la actividad intencionadamente no tan centrado en quemar calorías, sino en cómo puedes conectar con tu compañero de aventuras. Podrías hacer una pregunta como: «¿Qué te está inspirando en este momento?», «¿Quién te enseñó a seguir adelante cuando las cosas se ponen feas?». Todo esto tendrá el efecto halo añadido de que, más adelante, tu compañero de carreras quizás se convierta en un amigo que te traiga comida durante la lactancia o cuando estés enfermo; y si conectas con un monitor o con el líder de un grupo de ejercicio físico para estar en forma, podrías pedirle que oficie momentos de transición en la vida como por ejemplo una boda. Ya hay incontables historias sobre monitores de SoulCycle que ofrecen rituales de liderazgo para su fiel rebaño.

Descentrándote

La última práctica que explorar mediante el ejercicio físico para estar en forma es el proceso de descentrarte y concentrarte en un colectivo mayor y conectado. Un estudio de 2012 llevado a cabo por Russell Hoye, Matthew Nicholson y Kevin Brown mostró que incluso un pequeño grado de implicación en deportes de equipo estaba relacionado con una mayor conexión social para las personas. Aunque los ejemplos más obvios son los deportes de equipo como el fútbol, también puedes reconocer esa sensación si has recibido ayuda en una mudanza: formando una cadena humana, llevando innumerables cajas de un lado a otro; o atravesando unas aguas turbulentas mientras practicas *rafting*, bailando en una clase de zumba o dándolo todo en la pista de baile. Cuando nos encontramos inmersos en el ritmo del colectivo, podemos vernos liberados de nuestra perspectiva aislacionista. Durante un breve período de tiempo, la mentira de nuestra separación se ve expuesta, y recordamos que estamos completamente conectados los unos con los otros. No es que nuestra individualidad desaparezca, sino que ya no estamos cegados por el individualismo. Ésa es la razón por la cual encontrar una comunidad para practicar ejercicio puede fomentar un sentimiento de pertenencia que replique lo que los grupos religiosos hacían antaño. Piensa en congregaciones que cantan juntas o en la tradición sufí en la que las personas giran sobre sí mismas juntas.

Una comunidad para la práctica de ejercicio para mantenerse en forma que se ha tomado en serio la práctica de descentrarse es el November Project. En concreto, han creado una cultura de responsabilidad por la cual los participantes pasan de aparecer por ellos mismos a aparecer en representación los unos de los otros. Todo empezó en 2011, cuando los confundadores Brogan Graham y Bojan Mandaric, que eran antiguos alumnos de la Northeastern University, se comprometieron el uno con el otro a hacer ejercicio todos y cada uno de los días a las 06:30 durante el frío mes de noviembre. El hábito permaneció y, al poco tiempo, hubo amigos que empezaron a apuntarse. Lo que empezó en Boston, se ha extendido ahora a cuarenta y nueve ciudades de todo el mundo. Presentarse los unos por los otros es la base que hace que el November Project funcione, ¿porque quién quiere reunirse con lluvia, frío o incluso nieve a las 06:30 para subir y bajar corriendo las escaleras de un estadio?

El November Project ha desarrollado dos rituales clave para los participantes, de modo que puedan seguir colocándose los unos a los otros en el centro y mantenerse honestos los unos con los otros. Cada semana se entrega un bastón ceremonial, conocido como el Galardón a la Positividad, a la persona que más ha beneficiado a la comunidad y a toda la ciudad. Hecho de un remo recortado, simboliza el trabajo de manejar una barca, cambiar de dirección o dar algunos golpes extra de remo para mantener a todos a flote, cosa que a veces es difícil de apreciar. Cada vez que se le entrega a alguien, el receptor recibe enormes felicitaciones y abrazos de las decenas o cientos de personas que se han presentado. Frecuentemente hay lágrimas de alegría y agradecimiento.

Pero la zanahoria de la motivación es sólo una cara de la historia. Si unos amigos se prometen, los unos a los otros, que se presentarán pero luego faltan a su palabra, sus nombres aparecen en una lista pública en la página web con una nota de (cariñosa) imputabilidad. Un ejemplo procedente de Nueva York incluye fotografías de Mary, que no apareció, y decía: «Mary, esta noche pasada faltaste a tu compromiso verbal con Aliza mediante un mensaje de texto en el que le decías que te reunirías con ella para llegar corriendo al entreno. Mientras ella te esperó pasando frío, mojada y triste en la puerta de tu casa, tú no saliste de tu cama cómoda y calentita… Imagino que la tribu está diciendo que hoy te hemos echado de menos. El día de hoy ha sido simplemente un poco más triste porque no vimos tu cara alegre y sonriente en este día lluvioso y gris».

Estas herramientas no son nada nuevo, aunque puede que publicar fotos en la página web de una organización sí lo sea. La reputación social ha sido un impulsor de la asistencia a las congregaciones durante siglos. Representaba el compromiso con el conjunto, en lugar de los intereses de un individuo. Aunque la reunión de una congregación servía al propósito de adorar a Dios, eso en sí mismo tenía una función sociológica de descentramiento de los individuos y de centramiento de algo mayor. Este foco trascendente y comunal permite que las tareas del grupo, como la cosecha de los cultivos, la construcción de graneros, criar a los hijos y enterrar a los muertos tengan éxito. El November Project, en el que grupos especialmente activos se reúnen tres veces por semana, ofrece un estilo de vida parecido al de una congregación basado en los valores de depender los unos de los otros. El Galardón a la Positividad y la imputabilidad irónica en publicaciones en un blog son simplemente herramientas que previenen el egoísmo y ennoblecen la conexión de los unos con los otros.

En todas estas prácticas de descentramiento, es importante señalar que una comunidad fuerte no debería negar la individualidad de alguien. Es entonces cuando las comunidades se convierten en cultos. Entre los grupos de actividad física para mantenerse en forma perfilados aquí, la personalización continua es visible en la forma en la que los participantes se marcan su propia velocidad, o el peso o la intensidad del entrenamiento, por ejemplo. Aunque puede que haya una consistencia unificadora al subir y bajar corriendo escalones de un estadio, en el November Project existe la opción de hacer la mitad de los escalones, correr arriba y abajo por el estadio de la derecha a la izquierda o, para los que son especialmente ambiciosos, hacer todo eso y repetirlo. En SoulCycle, los ciclistas están al cargo de sus propio disco de resistencia, lo que significa que cada cual puede regular la intensidad de su entrenamiento. Puede que los monitores les animen a «aumentar el esfuerzo», pero la decisión final recae en cada persona. Éste es el principio rector de una comunidad para la práctica de ejercicio físico para mantenerse en forma sana y valiosa: una comunidad sólo puede florecer cuando cada miembro individual florece. Nadie se ve forzado a renunciar a su identidad o su nivel de habilidad y confianza.

Por supuesto, el November Project, la Tough Mudder, el Soul-Cycle y el CrossFit son sólo algunos puntos de datos en un mapa mucho mayor. Desde las reuniones para saltar a la doble comba, la animación deportiva o los triatlones, desde la Spartan Race (una carrera de obstáculos) y el Orangetheory (un entrenamiento de alta intensidad en grupo) hasta las jugadas espectaculares en una cancha de baloncesto, la cultura de las fiestas *rave* de la década de 1990 y la cultura *ball* alternativa: cada actividad ayuda a la gente a conectar entre sí mediante una experiencia física. Otra comunidad relacionada con la buena forma física que Angie y yo estudiamos en «How We Gather» que encarnaba la conexión con los demás mediante el movimiento era la del baile. Daybreaker y Morning Gloryville, que organizan fiestas *rave* sin alcohol muy temprano por la mañana, eran dos grupos inesperados que mostraban cómo la gente se está implicando en prácticas tradicionalmente místicas en espacios seculares.

Mientras se reúnen para tomar unos zumos de frutas antes de empezar la jornada laboral, cientos de *millennials* bailan desenfrenadamente al ritmo de una música genial, estando completamente sobrios. La buena forma física forma parte del espectáculo, pero esto tiene que ver principalmente con la felicidad. Los participantes describen sentirse inspirados y energizados mientras su cuerpo segrega una estimulante mezcla de dopamina y de otras sustancias químicas que nos hacen sentirnos bien. Mientras viajaba para aprender música folk por la región de Svaneti, en el Cáucaso, en Georgia, sentí la misma avalancha de conexión mientras tomaba parte en círculos tradicionales de danza. Ciertamente, es sabido que Aldous Huxley consideraba que el baile era particularmente importante para la cultura humana. La danza sagrada tiene unas raíces antiguas, que van del hinduismo al sintoísmo y hasta las tradiciones autóctonas de los nativos americanos, y se usó a modo de oración o para recrear mitos. «Las danzas rituales proporcionan una experiencia religiosa que parece más satisfactoria y convincente que cualquier otra», escribió Huxley. «Es con sus músculos como los humanos obtienen más fácilmente el conocimiento de lo divino».

Prepárate: La comunidad es maravillosa y terrible

A medida que forjemos conexiones con otras personas, sigamos esta advertencia de los sabios desarrolladores de comunidades que vinieron antes de nosotros, en espacial de mi héroe Jean Vanier. Fue el fundador de L'Arche, una red global de comunidades en las que la gente con dificultades de aprendizaje y aquellos que les ayudan viven juntos, compartiendo la vida bajo un mismo techo. En lugar de pensar en los cuidados como en un modelo centrado en el cliente, L'Arche y otros grupos como el Camphill Movement ponen a la comunidad en el centro y dan a todos la responsabilidad de servir los unos a los otros. Esto significa que todos contribuyen de la forma que sea que puedan. Para el personal, eso significa hacer su trabajo (contabilidad, limpieza, cuidados, planear los días de las visitas médicas, etc.), pero también organizar interpretaciones teatrales y ensayar canciones. Para los miembros de L'Arche con dificultades de aprendizaje significa trabajar en los jardines, preparar comidas, dar la bienvenida a los huéspedes, poner las mesas u hornear pan para venderlo. Todos se preocupan por los demás, dignificándose los unos a los otros y a toda la comunidad.

Los voluntarios vienen de todo el mundo para vivir y trabajar en las comunidades L'Arche queriendo, en primer lugar, ayudar a las personas con dificultades de aprendizaje. Éste es un instinto noble y lo reconozco de inmediato. Tenía el mismo instinto cuando era un adolescente, pues quería ayudar a la gente necesitada (o piensa en Hermione mientras quiere ayudar a los elfos domésticos en los libros de Harry Potter). Sin embargo, el movimiento L'Arche tiene claro que este instinto supone sólo la mitad de la historia.

Viviendo al lado de aquellos cuyas necesidades son tan evidentes y que con frecuencia son tan sorprendentemente transparentes con respecto a su deseo de conectar dando abrazos espontáneamente o queriendo tener conversación siempre, nuevos voluntarios se están viendo enfrentados a su propia vulnerabilidad y profundos deseos de amor y pertenencia.

En unos de los textos más importantes que he leído, *La comunidad: Lugar del perdón y de la fiesta*, Vanier escribe que cuando entramos en una comunidad, encontramos que la calidez del amor es estimulante. Esta sensación de bienvenida nos permite despojarnos de nuestras máscaras y barreras y volvernos más vulnerables los unos con los otros. Entramos en un período de comunión y gran alegría. «Pero también entonces», escribe, «mientras nos despojamos de nuestras máscaras y nos volvemos vulnerables, descubrimos que la comunidad puede ser un lugar terrible, porque es un lugar de relación; es la revelación de nuestras emociones heridas y lo doloroso que puede ser vivir con otros, especialmente con algunas personas. Es mucho más fácil vivir con libros y objetos, televisores o gatos y perros. Es mucho más fácil vivir solo y tan sólo hacer cosas por los demás cuando a uno le apetezca». Sue Mostelller, Hermana de San José, que ha pasado cuatro décadas viviendo en comunidades de L'Arche, lo expone de forma muy sencilla: «La comunidad es la cosa más *maravillosa* del mundo, y también es la más *terrible!*».

La valentía para profundizar en nuestras relaciones

«Cada persona, con su historia de ser aceptada o rechazada, con su historia pasada de dolor interior y dificultades en las relaciones con los padres, es diferente», escribe Vanier. «Sin embargo, en cada una hay un anhelo de comunión y pertenencia, pero al mismo tiempo un miedo a ello». Aunque ansiamos la conexión y el amor de los demás, también es lo que más tememos. Significa asumir el riesgo de ser vulnerable y abierto. Nos preocupa que nos vayamos a ver restringidos por las relaciones de cariño, que nuestra creatividad vaya a verse afectada. Queremos pertenecer y luego tememos los pequeños sacrificios que esta pertenencia nos exigirá mientras dejamos espacio a los que tenemos a nuestro alrededor. Queremos ser especiales, diferentes, únicos. Tememos la disciplina y el compromiso que se nos exigirá, pero en los momentos de soledad sabemos que el coste de permanecer asustados y desconectados es demasiado grande. Éste es un momento para la comunidad, un momento para la conexión.

En cada una de nuestras vidas hay conexiones y comunidades que pueden enriquecerse y hacerse más profundas: amigos con los que vamos al cine, clubes de fútbol sala, listas de email locales para padres, vecinos, primos. ¿Por qué no tomar un apunte de las antiguas tradiciones y elegir una de estas relaciones y comprometerse a organizar seis comidas para ellas en el próximo año? ¿O unirse a un grupo de actividad física para mantenerse en forma o a un club de carreras pedestres orientado a la comunidad? Busca entre los cientos de miles de reuniones y escoge cinco que estén cerca de ti para ir a echar una ojeada, incluso aunque vayas con cero expectativas de volver. Durante una cena con amigos, sigue el consejo de Priya Parker en su maravilloso libro *El arte de reunirse. ¿Por qué nos reunimos y por qué es importante?* y provoca algo de «controversia buena» compartiendo una idea o una historia estimulante y ligeramente provocadora sin requerir que los demás se expongan emocionalmente más de lo que quieran. En mi experiencia, casi cada intento auténtico de forjar una comunidad es bienvenido. ¡Quién sabe qué encantadoras conexiones intensificarás!

Capítulo 3

CONECTAR CON LA NATURALEZA

Nuestra conciencia sobre quiénes somos y de quién somos se ve intensificada cuando conectamos con la naturaleza. Rodeados de la naturaleza es donde recordamos lo que de verdad importa. Nuestras experiencias cumbre nos proporcionan una apabullante sensación de asombro y una muestra momentánea del significado de la vida. Frecuentemente es en la naturaleza donde sentimos una sensación profundamente emotiva de que estamos conectados con todo lo que tenemos a nuestro alrededor. Estar en la naturaleza vuelve a centrar nuestras prioridades lejos del egocentrismo, la amargura y la deses-peración, y facilita nuevas posibilidades y una mayor capacidad de compasión. Incluso puede ser un pilar central de recuperación para aquellos que están batallando con una depresión grave. Este capítulo explora cómo podemos profundizar en nuestra conexión existente con la naturaleza de modo que nos sintamos verdaderamente como en casa en el mundo. Exploraremos tres prácticas antiguas: la peregrinación, la celebración de las estaciones y redefinir la distinción entre nuestro cuerpo y el mundo exterior.

Necesitamos estas prácticas urgentemente. Más de la mitad de la población mundial vive ahora en áreas urbanas, y dentro de treinta años esa proporción será de casi el 70 %. El estadounidense medio ya pasa sólo el 7 % de su tiempo al aire libre, de acuerdo con los re-sultados de una encuesta patrocinada por la Agencia de Protección Medioambiental en 2001. A medida que hemos ido viviendo cada vez más en interiores, especialmente para trabajar y estar entretenidos delante de nuestras pantallas, los científicos están advirtiendo que estamos entrando en una era de «trastorno por déficit de naturaleza». Este término, acuñado por Richard Louv, describe los costes para las personas de la alienación de la naturaleza, entre ellos una reducción del uso de los sentidos, trastornos de atención y mayores índices de enfermedades físicas y emocionales.

Éste es un lugar raro en el que encontrarse. Las vidas y los sistemas de creación de sentido de nuestros antepasados estaban fundamentalmente formados por el mundo natural que tenían a su alrededor. Los dioses a los que adoraban estaban intensamente moldeados por los paisajes en los que vivían. Los rituales que mantenían usaban la flora y la fauna disponibles, y los deseos que formulaban eran por una buena climatología, un rebaño fuerte o una buena cosecha. Habría resultado difícil imaginar un concepto distinto de la «naturaleza», ya que su vida cotidiana estaba muy entrelazada con su entorno natural. Incluso a medida que las culturas se urbanizaron y más adelante se industrializaron, los seres humanos han seguido celebrando los cambios de las estaciones, ha invocado el lenguaje de los jardines en su imaginación de un cielo divino y se han fijado en el cielo nocturno en busca de orientación mediante la astrología. En la actualidad podemos recurrir a estas tradiciones para enriquecer nuestra experiencia de conexión y destinarla hacia una vida espiritualmente plena.

No son sólo las tradiciones religiosas las que están interesadas en nuestra conexión con el mundo natural. Los científicos también han llegado a la conclusión de que pasar tiempo en la naturaleza está relacionado con todo tipo de beneficios para la salud. El suave borboteo de un riachuelo o el sonido del viento entre los árboles hace que tu sistema nervioso pase a un estado de relajación, según un artículo publicado en 2017 en la revista *Scientific Reports*, y los datos revelan que la gente que tiene acceso regular a la naturaleza tiene unos bebés más sanos, y que estar cerca de plantas puede incluso fortalecer nuestro sistema inmunitario y prevenir enfermedades.

Un estudio de 2015 de la Universidad de Stanford mostró que aquellos que daban un paseo de noventa minutos por un paisaje natural tenían una actividad neuronal reducida en el área del cerebro relacionada con el riesgo de padecer enfermedades mentales en comparación con aquellos que paseaban por un entorno urbano. Otras investigaciones muestran que los «baños de bosque», que consisten en la práctica de pasar tiempo en una zona boscosa, tienen múltiples efectos positivos sobre el bienestar de las personas. Los habitantes de las ciudades anhelan tanto pasar tiempo en la naturaleza que hay un crecimiento significativo de organizaciones como la Granja Blackberry de Walland (Tennessee), que dirige un programa de Bosques Profundamente Curativos inspirado en la práctica japonesa del *shinrin-yoku*, o medicina forestal.

Nuevas compañías, como Getaway, están creciendo, proporcionando pequeñas casas en entornos naturales (con una caja fuerte para guardar tu teléfono). Lanzada como «una experiencia diseñada para hacernos regresar a nuestros elementos, sumergirnos en la magia de los bosques y retarnos a redescubrir el placer del aburrimiento, la soledad y el tiempo sin una estructura», ha resultado ser especialmente popular entre los urbanitas jóvenes deseosos de desprenderse de su dinero a cambio de la belleza de los entornos naturales. Ciertamente, las excusas para salir a la naturaleza están cada vez más en la mente de los urbanitas jóvenes. El año pasado el periódico *The New York Times* reportó que la pesca con mosca era la última afición de antaño que ha conseguido un seguimiento nuevo y entregado.

Ciertamente, recuerdo bosques que me ofrecieron un refugio en épocas de estrés. Crecí en el bosque de Ashdown Forest, en el sudeste de Inglaterra, y nuestro jardín daba a un sendero que te conducía hacia el bosque. Cuando tenía nueve años, construía cabañas con helechos y ramas caídas. En una ocasión, superado por la rabia infantil, metí en una mochila medio litro de leche, una hogaza y mi violín y me escapé al bosque, con planes de no regresar nunca (esperaba que el violín me permitiera conseguir algo de dinero como músico callejero). No es de sorprender que mi «baño de bosque» me tranquilizara, y regresé a casa al cabo de una hora.

Aunque un bosque es ideal, incluso sólo los árboles pueden conmovernos. Puede que recuerdes haber oído acerca de lo que sucedió cuando la ciudad de Melbourne, en Australia, asignó direcciones de email a árboles localizados por toda la ciudad para que los ciudadanos pudieran informar de ramas peligrosas u otros problemas. En lugar de ello, los ciudadanos cercanos escribieron miles de cartas de amor a sus árboles favoritos. Éste es un ejemplo típico:

> Querido Olmo de Hojas Verdes:
> Espero que te guste vivir en St. Mary's. La mayor parte del tiempo a mí también me gusta. Tengo exámenes a la vuelta de la esquina y estaré ocupado estudiando. Tú no tienes exámenes porque eres un árbol. No creo que tengamos mucho más que hablar, ya que no tenemos muchas cosas en común, ya que tú eres un árbol y todo eso, pero estoy contento de que estemos en esto juntos.

Quizás parezca tonto, pero esa última frase («Estemos en esto juntos») es el tipo de conexión que las tres prácticas que aparecen en este capítulo están diseñadas para ayudarnos a recordar. No somos distintos a la naturaleza: somos la propia naturaleza y, ciertamente, estamos en esto juntos.

Recuperar el arte de la peregrinación

Hay peregrinaciones de todas las formas y colores.

Casi todos nosotros nos desplazamos de un lugar a otro. Vamos al trabajo o a la escuela o a visitar a la familia. Puede que saquemos a pasear al perro, salgamos a practicar senderismo o vayamos a nuestra cafetería favorita para recoger un pedido del mejor chocolate a la taza de la ciudad. De vez en cuando haremos el esfuerzo de viajar a un lugar especialmente importante. Puede que nos tomemos unas vacaciones para visitar a unos amigos que viven lejos, para ir al lugar en el que está enterrado un ser querido o para asistir a un concierto de nuestro grupo o músico favorito. Pero ¿podrían estos humildes viajes lejos de nuestro hogar constituir la base de una práctica sagrada? Creo que podría ser así.

Después de todo, una peregrinación es, simplemente, un viaje transformador a pie a un lugar especial o sagrado; y con algo de atención, intención y repetición, podemos hacer más profundos algunos de estos viajes para que se conviertan en peregrinaciones.

Las peregrinaciones son grandes y arduas en nuestra imaginación, en parte porque las peregrinaciones religiosas más conocidas son, de hecho, grandes y arduas. Los mapas del mundo están salpicados de antiguas rutas de peregrinación. Más de trescientas mil personas de todo el mundo hacen el Camino de Santiago hacia la tumba del apóstol Santiago, en el nordeste de España, cada año. Más de ciento veinte millones de hindúes atravesaron la India en 2013 para asistir al festival Kumbh Mela para bañarse en el sagrado río Ganges. Sin embargo, puede que la peregrinación más conocida en la actualidad sea el *hach* o *hajj*, que casi dos millones de musulmanes completan cada año, siguiendo los pasos del profeta Mahoma. Este viaje supone una obligación sagrada para todos los musulmanes que puedan viajar, y está diseñado para fomentar los lazos de unidad, trascendiendo la geografía y el estatus social. Sin embargo, las peregrinaciones en nuestra vida pueden ser tan grandes o pequeñas como necesitemos. Una peregrinación no se define por la distancia, sino por la transformación. Me encanta la definición de los antropólogos Victor y Edith Turner de lugares de peregrinación como La Meca y Medina como sitios en los que se cree que se han producido, se siguen produciendo y quizás vuelvan a producirse milagros.

Las peregrinaciones de cualquier escala siguen la misma estructura básica, con tres fases. La primera es el marcarse una intención o propósito, que puede consistir en la sanación, señalar una pérdida, pedir perdón, explorar una nueva fase o transición en la vida, o reconectar con la alegría. Puede que simplemente se trate de la intención de vivir una aventura, generando espacio en el que pueden surgir nuevos pensamientos, amistades o experiencias inesperados.

La segunda fase es el propio viaje. Las horas pasadas caminando, las ampollas, las imponentes vistas, la lluvia incesante o el sol abrasador. La monotonía y luego los deslumbrantes momentos de magia. Las conversaciones con los compañeros de viaje a lo largo del sendero. En la fase final (la llegada y el regreso) integramos lo que hemos experimentado en el camino de regreso a nuestra propia vida. Enmarcamos una fotografía del viaje y explicamos historias sobre las aventuras que vivimos. Puede que busquemos la oportunidad regular de estar al aire libre, ya que hemos pasado tiempo entre los elementos.

Will Parsons y Guy Hayward, cofundadores del British Pilgrimage Trust (Fideicomiso Británico de las Peregrinaciones), lo saben todo sobre el antiguo arte de la peregrinación. Will, en particular, ha descubierto todos los antiguos secretos de un buen viaje sagrado, porque es un trovador contemporáneo. Ha recorrido los caminos secundarios y los senderos forestales de Gran Bretaña durante quince años, acampando en los bosques y cantando mientras se preparaba la cena. «Puedes peregrinar en cualquier momento», dice, «a lo largo de una gran ruta o desde la puerta de tu casa». Me uní a Will y Guy en una peregrinación de un día por la campiña que rodea Oxford (Inglaterra) allá por 2016. Salimos a pie del centro de la ciudad, dejando atrás las concurridas calles y siguiendo el curso del río Támesis hacia el norte, hacia nuestro destino: una iglesia del siglo XII en las afueras de la localidad de Binsey. Nuestra intención era simple: después de algunos días trabajando juntos en una sala de conferencias, queríamos estirar las piernas. Al poco, el ajetreo de los turistas y de la ciudad quedó atrás, y en lugar de ello batallamos con distintas zarzas y malas hierbas en el seto que discurría a lo largo de todo el camino.

Caminar, en lugar de conducir o incluso ir en bicicleta, nos hace entrar en un ritmo pausado con el paisaje que tenemos a nuestro alrededor. A mi amiga y sacerdotisa episcopaliana Marisa Egerstrom le gusta decir que esto es viajar «a la velocidad de los olfateos». Al igual que un perro entusiasmado en un camino, nos damos cuenta de todo tipo de vistas y olores interesantes que nos animan a investigarlos más. Nuestra respiración se ralentiza. Nos volvemos presentes.

La peregrinación es una experiencia multisensorial. Consiste en contactar, acercarse y tocar, mirar, oler, escuchar a incluso saborear el terreno que tenemos a nuestro alrededor. De hecho, algunos años después de que Enrique VIII proscribiera la peregrinación en Inglaterra, un mandato prohibió el besar o lamer los santuarios (un signo claro de que esto es exactamente lo que la gente estaba haciendo). Claramente, la intimidad con el mundo que tenemos a nuestro alrededor es algo que pertenece a cualquier peregrinación. Will nos animó a comer cualquier baya que encontráramos, y había traído consigo un termo con agua caliente que había hervido previamente, de modo que cuando encontrásemos algunas hojas de diente de león o hierbas comestibles pudiésemos prepararos nuestra propia infusión del peregrino. «Es simplemente otra forma de establecer contacto con el mundo», explicó.

Mientras caminábamos, Will nos animó a buscar un palo: una vara de peregrino. «Llevar una vara te hace sentir bien», comentaba Will. «Es una de nuestras tecnologías más antiguas e importantes. Piensa en la importancia de otras varas (la guadaña, el cetro, la lanza, el plantador de semillas, el arco y la caña de pescar) y empezarás a darte cuenta de por qué parece algo tan natural en tu mano». También supone una invitación literal a tener la naturaleza en tus manos: encontrar una vara de la longitud y firmeza adecuadas que nos ayude a sentirnos como en casa mientras caminamos por el campo o el bosque. Una vara es el apoyo perfecto: nos impulsa, supone un soporte para nuestras pesadas mochilas y le comunica de inmediato al mundo que somos peregrinos. Además, podemos hacernos pasar por Gandalf.

La peregrinación es perfecta para ti si los ejercicios reflexivos tradicionales, como escribir un diario o el *mindfulness* se quedan cortos. La periodista Karin Klein explica sin rodeos por qué caminar le funciona: «No puedo meditar por tonterías», escribe en la revista *Yes!* «Estar sentada tanto tiempo, prestando atención a mi respiración o a una luz blanca, irrita a mi impaciencia natural. Por el contrario, el senderismo me lleva fácilmente a ese deseado estado de encontrarme "en el momento"». Los senderistas tienen que prestar atención a dónde se encuentran y qué está sucediendo a su alrededor. Si no lo hacen tropezarán o chocarán con fastidios como el roble venenoso o la hiedra venenosa. «Al mismo tiempo, el sendero es una experiencia multisensorial que nos anima a observar las flores silvestres, oler las plantas aromáticas y escuchar los trinos de los pájaros y los ruidos de los animales pequeños entre los matorrales». Klein señala los numerosos beneficios de estar al aire libre: se ha visto, por ejemplo, que la exposición al color verde es relajante y calmante. La peregrinación también podría ser adecuada para ti si te encuentras sin palabras para describir aquello por lo que estás pasando. Podemos caminar en lugar de hablar para superar nuestra pena. Hay distintos grupos para caminar con una intención para apoyar a la gente cuyos seres queridos han fallecido, por ejemplo.

De vuelta a Oxfordshire, no pasó mucho rato hasta que nuestro paseo por el campo nos dirigió hasta nuestro destino: la pequeña iglesia a las afueras del pueblo de Binsey. Cuando realizamos una peregrinación, seguimos los pasos de mucha gente antes de nosotros, por lo que el propio terreno queda envuelto en historia. Will nos explicó la extraordinaria fábula de Frideswide, que es recordada en la iglesia. Nacida en el siglo VII, fundó una abadía e hizo promesa de celibato. Algar, un rey que vivía cerca, quería casarse con Frideswide, pero ella rehusó. La leyenda dice que la abadesa huyó a Oxford, donde la gente la ayudó a esconderse del airado Algar. Mientras el rey la buscaba por la ciudad, se quedó ciego, lo que permitió a Frideswide regresar sin peligro a la abadía para vivir con sus monjas. Cientos de años después de su muerte, durante el saqueo de los monasterios durante el reinado de Enrique VIII, Frideswide volvió a estar en peligro. Cuando todas las reliquias iban a ser destruidas, el relato nos explica que sus huesos fueron lanzados al río, pero la gente de Oxford, que la había protegido en una ocasión, sacó los huesos del agua y volvió a salvar a la santa.

Escuchar la historia de Frideswide hizo que el paisaje que estaba atravesando cobrara vida. Los campos ya no fueron de una monotonía continua, sino que en lugar de ello, cada uno de ellos se representó como un actor del drama. Los caminos secundarios y el río relucían ahora llenos de historia. ¿Podría ser éste el lugar en el que recuperaron sus huesos del río? ¿Podría haberse escondido en este bosquecillo? No obstante, no necesitas el relato sobre una santa para hacer que un paisaje cobre vida. Hay geniales historias de amor y pérdida, y venganza y arrepentimiento por doquier. Incluso el suburbio más anodino está lleno de historia. Descubrir la historia basada en los hechos, relatos familiares, cuentos de hadas o leyendas locales: esto forma parte de la peregrinación. Volver a relatar y quizás reinventarse historias que conecten a nuestra alma con la tierra. El cineasta Phil Cousineau escribe que la peregrinación existe para ayudarnos: «recuerda los misterios que olvidaste en casa». El poeta mendicante japonés Matsuo Basho, famoso por sus *haikus*, habla del «destello de la luz tenue», una experiencia que acecha bajo la superficie de los estereotipos y la insensibilidad a través de la cual podemos ver la realidad, vibrante y profunda, de un paisaje vivo y de nuestra propia verdadera identidad.

Cuando era un niño, el director de mi coro local se embarcó en una caminata alrededor de Gran Bretaña, circunnavegando literalmente todas las islas británicas. Las historias que recopiló, desde los elevados acantilados hasta los parques industriales, trajeron a la vida la tierra en la que vivía. Así es como podemos hacer que los paisajes vuelvan a la vida: paseando por ellos y escuchando sus historias. Vanessa Zoltan, la copresentadora de mi *podcast*, dirige peregrinaciones seculares por los paisajes que inspiraron a autoras como Louisa May Alcott, Charlotte Brontë y Virginia Woolf, añadiendo una nueva dimensión de conocimiento a sus novelas al caminar por los pueblos en los que vivieron.

Finalmente, mi peregrinación con Will y Guy alcanzó su destino: Saint Margaret; pero la mayor lección de mi peregrinación no fue la iglesia. De pie, en el exterior de Saint Margaret, no nos dirigimos directamente hacia la puerta de la iglesia. En lugar de ello, nos detuvimos frente a un enorme tejo que tenía más de trescientos años y que crecía al lado de la iglesia. Su copa de hoja perenne proyectaba una larga sombra, y se alzaba por encima de nosotros. Aquí Will nos invitó a reconectar con nuestra intención de sacar a nuestros cuerpos de la sala de reuniones y salir al aire libre. Entonces nos dijo que diésemos tres vueltas alrededor del árbol. Esto nos pareció raro al principio, pero me permitió admirar este magnífico árbol desde todos los ángulos, y para cuando estaba rodeándolo por tercera vez, sentí como si tuviese alguna relación con este árbol y el lugar en el que se encontraba. Quería tocarlo, por lo que me acerqué a su desgarrado tronco, recubierto de corteza, y le di un gran abrazo.

Esta práctica de la circunambulación es una herramienta espiritual clave para transformar cualquier viaje en una peregrinación. Dando varias vueltas alrededor de nuestro destino, creamos un centro sagrado. Nuestro propio viaje honra a lo que dejamos en el centro. Piensa en los peregrinos que caminan alrededor (nunca en sentido ascendente) de las sagradas montañas Kii en Japón, que están repletas de santuarios sintoístas y budistas. O la Kaaba, el edificio que se encuentra en La Meca, en el centro de la mezquita más sagrada del islam, y alrededor de la cual los peregrinos dan siete vueltas al final del *hajj*. La circunambulación nos permite ver cada ángulo de nuestro destino o del objeto de nuestra veneración. Por último, Will nos llevó al manantial, que brotaba cerca del tejo. Allí llenamos nuestras cantimploras mientras él cantaba una bendición para el agua, la fuente de la vida:

El agua fluye, la vida es dada,
surge de la tierra, cae del cielo,
el agua fluye, así que cantamos
bendiciones para el manantial sagrado.

Mientras regresábamos a casa, había visto, tocado, olido, oído e incluso saboreado el paisaje por el que habíamos caminado. Ya no se trataba de una foto de postal de una elegante campiña inglesa. Tenía rasgos salvajes, y había en mí un estado salvaje que se había reavivado. Ya no era cautivo de pizarras blancas y de la pantalla de un ordenador portátil.

Con la peregrinación emergen nuevas posibilidades sobre quiénes somos y de qué formamos parte. Caminar en peregrinación es como vivir un signo de interrogación. Todo es nuevo, incluso aunque ya lo hayas visto antes. Un paseo que hayas dado antes puede convertirse en una miniperegrinación si le infundes una actitud receptiva para la transformación durante la experiencia y una actitud apasionada y observadora. Las cosas se remueven al caminar. Te haces preguntas. Evocas. Te cuestionas cosas. Al conectar con partes olvidadas de un paisaje, también conectamos con partes olvidadas de nosotros mismos. Como peregrinos recordamos cómo, de hecho, *estar* en un lugar. Malidoma Patrice Somé escribe que, cuando nos volvemos conscientes del hogar que tenemos en la naturaleza, nos sentimos en casa en cualquier lugar en el que nos encontremos.

La peregrinación moderna no sólo tiene todo tipo de formas y colores, sino que también viene acompañada de distintas intenciones que la motivan.

Ésta es la razón por la cual la peregrinación es una herramienta tan valiosa para reconectar con la naturaleza: el destino y el viaje pueden encontrarse fuera de los muros de una iglesia. Mi amigo y compositor Brendan Taaffe se comprometió, hace muchos años, a irse algunos días a practicar el senderismo por su cuenta por las montañas cada año; y cada vez se lleva consigo el mismo libro de poesías, encuentra un rincón alejado del oído humano y lee todo el libro en voz alta a los majestuosos picos y los peñascos rocosos que tiene a su alrededor.

Por supuesto, caminar sólo trae consigo preocupaciones relativas a la seguridad, especialmente para las mujeres, por lo que la peregrinación compartida es otra opción a explorar. Viajé, junto con mi compañera de aventuras Caroline Howe, a la costa oeste de Irlanda a visitar la tumba de John O'Donohue, el antiguo sacerdote y poeta, sobre el que quería escribir mi tesis para graduarme en la Facultad de Teología. Caroline se estaba recuperando de una lesión de tobillo, y tengo cariñosos recuerdos empujándola por grandes colinas en su silla de ruedas mientras disfrutábamos de la suave y sempiterna lluvia irlandesa mojándonos la cara. Recuerdo coger flores para depositarlas en su tumba y que el viaje se vio enriquecido por el hecho de que lo estábamos haciendo juntos.

Hay peregrinaciones de todos los tipos de formas y colores improbables. En nuestra investigación para nuestro artículo «How We Gather», Angie y yo nos encontramos con peregrinos modernos mediante el Millennial Trains Project (MTP), que llevaba a grupos de unos veinte jóvenes en un viaje en tren a través de Estados Unidos para aprender sobre el espíritu emprendedor y ver de forma diferente ciudades pequeñas que habían quedado arrinconadas como áreas urbanas en declive del «Cinturón del Óxido». El MTP ayudaba a reparar el tejido formado por el paisaje y la ciudad, poniendo de manifiesto las zonas de las afueras que rodean a los centros de las ciudades y que son olvidadas tan fácilmente. Aunque era una peregrinación en tren en lugar de a pie, seguía tratándose de un viaje influyente y lleno de espiritualidad. La primera vez que entrevistamos al fundador de MTP, Patrick Dowd, estaba deseoso de hacer hincapié en la naturaleza secular del viaje, pero a medida que nuestra conversación avanzaba, musitó: «Bueno, imagino que alguien bendijo el tren cuando salimos de la estación». No podemos evitar vernos cambiados por nuestro viaje y, por lo tanto, podemos regresar con una nueva curiosidad y cariño por los paisajes en los que pasamos la mayor parte de nuestro tiempo.

La peregrinación puede darse en cualquier lugar: una excursión por el desierto o un paseo alrededor de la manzana, irse de acampada a solas a las Montañas Rocosas o ir de paseo en familia al parque canino. Lo que importa es marcarse una intención antes de salir, prestando atención al mundo natural a lo largo de nuestro camino (empleando los cinco sentidos, si es posible) y regresando a casa con una nueva perspectiva. Puede que sólo al final de la peregrinación, después de toda la preparación y el arduo viaje, podamos hablar sobre cómo ha cambiado nuestra relación con la naturaleza. ¿Le ha hablado el paisaje a nuestro anhelo? ¿Hemos reconectado con nuestra plenitud interior, que perdemos con tanta facilidad con nuestro ajetreo cotidiano? ¿Nos hemos permitido vernos aliviados y puestos a prueba por el hogar mayor que todos compartimos?

Permiso para ser creativo

Puede parecer extraño pensar en un corto paseo por tu vecindario a modo de peregrinación. Emplear la palabra «peregrinación» puede dar la impresión de que estamos tomando algo tradicional y cambiándolo demasiado deprisa. Esto es un error. Esos líderes religiosos que despotrican contra el cambio suelen confundir la tradición con la convención: asumen que una forma de satisfacer un objetivo concreto es la *única* forma de satisfacerlo. (El académico Mark Jordan se mofa de que siempre que alguien invoca «la venerable tradición», casi siempre se refiere a lo que experimentó –o de lo que oyó hablar– cuando era niño). Thomas Merton, monje trapista y escritor del siglo XX, escribió, de forma perspicaz: «La convención y la tradición pueden, aparentemente, ser muy parecidas en la superfície, pero esta similitud superficial sólo hace que el convencionalismo sea todavía más dañino. De hecho, las convenciones son la muerte de la verdadera tradición como lo son de toda la vida real. Son parásitos que se unen al ser vivo de la tradición y devoran toda su realidad, convirtiéndola en una formalidad vacía». Esto es lo que le ha sucedido a tantas prácticas sagradas.

«La tradición está viva y es activa», escribe Merton, «pero la convención es pasiva y está muerta». Aunque la convención es meramente aceptada de forma pasiva y se vive como una rutina, tenemos que trabajar y batallar para entender la tradición. Merton argumenta que «la convención se convierte, fácilmente, en una evasión de la realidad» porque podemos, habitualmente, consumir rituales que parecen como estar sonámbulos. No estamos vivos con respecto al significado o la relevancia de lo que estamos haciendo. Estamos haciendo, simplemente, lo que las generaciones anteriores a la nuestra hacían y no hacemos preguntas. Al poco tiempo, estos rituales se convierten en un sistema aburrido de gestos y formalidades. Así es como siempre consideré a la Iglesia: aletargada e irrelevante, con personas que se juntaban, haciendo lo que siempre habían hecho sin poder explicar lo que significa o el porqué, por no hablar de cómo les ha cambiado.

Para Merton, la tradición es lo *contrario* a la rutina. Escribe: «La tradición nos enseña a vivir y nos muestra cómo asumir toda la responsabilidad por nuestra propia vida». Aunque, por supuesto, la tradición siempre es antigua, es, al mismo tiempo, siempre nueva, porque siempre renace en una nueva generación y en un nuevo contexto histórico. Se vivirá y pondrá en práctica de una forma nueva y particular. «La tradición nutre a la vida del espíritu, y la convención meramente disfraza su deterioro interior».

La tradición es, por tanto, inherentemente creativa, y ese espíritu creativo nos libera para convertir algo tan antiguo como la peregrinación en un método para conectar con los espacios que hay más allá de nuestros muros, aceras y farolas. Esto no es algo nuevo: el filósofo y ensayista Henry David Thoreau, que en una ocasión escribió que «cada paseo es una especie de cruzada», es conocido por haber caminado decenas de kilómetros diarios para disfrutar de la naturaleza y solucionar el bloqueo del escritor. Si estás preocupado por distinguir entre una práctica válida y significativa y un paseo literal por el parque, piensa en lo que el rabino Irwin Kula nos recuerda: cada tradición fue en una ocasión una innovación. Nuestras almas son libres para crear e inventar. Hay tantas formas de honrar a los muertos, de celebrar la vida y de dar la bienvenida a un bebé al mundo como seres humanos. Sólo porque las cosas se hayan hecho de una cierta forma durante algún tiempo, no significa que no debieran evolucionar nunca. Lo que importa es si lo que estamos haciendo parece vivo, si nos está conectando a lo largo y ancho de los cuatro niveles de nosotros mismos, los unos con los otros, la naturaleza y lo trascendente. Tenemos permiso para crear prácticas nuevas, para adaptar las antiguas y para mezclarlas; y tenemos permiso para tomar lo que ya estamos haciendo y afirmarlo como hilo importante de nuestra vida espiritual, llena de sentimiento.

Kursat Ozenc, cofundador del Ritual Design Lab, ofrece un consejo similar. Explica que cada uno de nosotros puede salir a localizar rituales en nuestra propia vida para descubrir cómo podríamos desarrollar una práctica sagrada. «Fíjate en lo que está sucediendo, de forma natural, a tu alrededor. Conviértete en tu propio etnógrafo», dice. «Puede que haya algo que disfrutes haciendo pero a lo que todavía no hayas dado un nombre. Puedes amplificar eso documentando todos los rituales que llevas a cabo. Puede que se trate de algo procedente de tu pasado que quieras revivir, o quizás se trate de un pequeño acto sobre el que puedes construir algo». Puede que haya un lago, un árbol o una gran roca hacia la que quieras caminar el fin de semana, o un familiar anciano al que podrías visitar y pedirle que te explique historias de tu familia. O quizás intentes ver una nueva planta o animal cada día durante tu desplazamiento cotidiano al trabajo.

En las pocas ocasiones en las que salgo a correr, intento convertir algo con lo que batallo (el ejercicio) en una oportunidad que aporte significado y conexión. Si el sendero por el que estoy corriendo dispone de un dosel arbóreo, mira hacia arriba, hacia las ramas y le digo al universo: «¡Por la gloria de la vida! ¡Estoy corriendo por ti, árbol!». Suena ridículo, pero pruébalo. En un buen día puede levantarme el ánimo, y sonrío de oreja a oreja mientras corro. Si te preocupan los transeúntes, simplemente mira hacia el cielo y ofrécele tu amor en silencio. Esto casi siempre invoca en mí un sentimiento de asombro y gratitud, y el asombro siempre nos establece firmemente en un lugar. ¡Puedo correr por este mundo! ¡Qué majestuosidad!

Celebrar las estaciones

Esa conexión con el cielo y la tierra, con los ciclos naturales de las estaciones, está desapareciendo en la actual cultura moderna y crecientemente urbana. Por supuesto, muchos de nosotros seguimos celebrando cenas en otoño en las que cada invitado trae un plato consistente en una receta propia de la estación. Podemos celebrar barbacoas estivales o círculos de luna llena que honren el momento del año a su propia manera. A ambos lados del ecuador, el ciclo de las estaciones ha moldeado todo, desde la economía hasta el período de las vacaciones escolares, pero la realidad es que a muchos de nosotros nos cuesta vivir en sintonía con los ciclos estacionales, en gran medida porque es muy fácil ignorarlos. Disponemos de aparatos de aire acondicionado, coches con asientos calefactados, y podemos comprar aguacates siempre que queramos (cosa por la que estamos agradecidos); pero estas ventajas significan que podemos vivir nuestra vida ignorando en gran medida la floración de las nuevas campanillas de invierno o el glorioso enrojecimiento de las hojas de los arces japoneses. Aunque puede que tengamos que sacar la nieve a paladas o ponernos protector solar de vez en cuando, principalmente planeamos el trabajo, los viajes, los cuidados sanitarios y las reuniones familiares en nuestro propio cronograma. Puede que resulte más práctico, pero esta forma de vida nos desconecta a muchos de nosotros de la naturaleza. Sin un ritmo en nuestra vida, perdemos nuestra sensibilidad espiritual. El mero hecho de celebrar los patrones climatológicos cambiantes y las fiestas estacionales supone una forma de hacernos volver a la armonía con nuestro paisaje natural.

Es importante reiterar que probablemente ya estés honrando a las estaciones cambiantes de formas pequeñas y grandes. Mi invitación para ti consiste en profundizar en tus prácticas ya existentes y descubrir prácticas nuevas para conectar con la naturaleza. Para la mayoría de nosotros, el problema consiste en que estamos cada vez menos implicados con la naturaleza, aunque las buenas noticias son que no hemos cortado completamente las ataduras con ella. Dependiendo de dónde vivas, honrar a las estaciones puede implicar marcar el inicio de la primavera, el verano, el otoño y el invierno, o celebrar el lluvioso monzón y las estaciones secas. Desde el principio de la cultura religiosa, los humanos hemos celebrado festejos que marcaban cambios en el entorno: sacrificios por las cosechas, danzas de la lluvia y eclipses solares del fin del mundo, por citar algunos.

Aprendí a marcar las estaciones a una corta edad. En mi pueblo natal, celebrábamos la fiesta de Michaelmas el 29 de septiembre, que marcaba el principio del otoño. Hacíamos linternas de papel, decorando el grueso papel con acuarelas, y luego uníamos cada linterna a un palo largo. Al llegar la noche, encendíamos la vela que había en el interior de nuestra linterna y caminábamos a lo largo de la calle cantando. El día del Domingo de Ramos, que se celebra la semana antes de la Pascua de Resurrección, horneábamos panes con forma de pollo, les clavábamos dos palos y los decorábamos con tiras de fruta y dulces. Salíamos y caminábamos por los campos de golf de Sussex mientras cantábamos (cantar era un tema recurrente en mi familia). En Nochebuena caminábamos por campos embarrados que se habían congelado para reunirnos, con linternas, en el gran establo para vacas de la granja del pueblo, donde éramos recibidos por Peter, el jefe de la granja. Se repartían partituras, y durante la siguiente hora o dos horas caminábamos de un recinto a otro para cantar villancicos a los distintos animales de la granja. Les cantábamos a las vacas, los cerdos, los pollos e incluso a las abejas, felicitándoles las fiestas. Después de muchas estrofas de distintos villancicos, nos reuníamos en el establo de las ovejas con tartaletas de frutas y vino caliente para escuchar cómo Peter narraba el cuento navideño. El martes de Carnaval nos disfrazábamos, cocinábamos tortitas (algo tan popular en Inglaterra que ese día recibe el nombre de Día de las Tortitas) y competíamos en carreras del huevo y la cuchara.

En la Festividad de los Mayos, nos despertábamos antes del alba y caminábamos hasta el páramo. Allí, mientras el sol salía y estábamos de pie con termos de té caliente en la mano, bailarines de la danza Morris salían de detrás de los árboles y empezaban a bailar al ritmo de la música de acordeón en vivo. Las campanillas que llevaban en los pies tintineaban mientras palos de madera chocaban en una coreografía compleja, y se agitaban pañuelos blancos para marcar la llegada de la primavera. Después, en la escuela, seguíamos celebrando la Festividad de los Mayos trenzando guirnaldas de flores y bailando alrededor del palo de mayo: una tradición que he mantenido viva hasta la fecha. Mientras viví en Cambridge (Massachusetts), me despertaba antes del amanecer y me dirigía al río, donde la gente madrugadora que asistía a la fiesta cantaba y bailaba alrededor del palo de mayo mientras el sol salía por encima del río Charles. Mi compañera peregrina Caroline y yo hemos sido coanfitriones de varias danzas alrededor del palo de mayo incluyendo un año en el que la fiesta que se celebró en el parque de la ciudad apenas se podía soportar los vientos de sesenta y cinco kilómetros por hora. El propio palo de mayo tuvo que ser sostenido por voluntarios mientras el resto de nosotros bailábamos alegremente a su alrededor y la gente que estaba paseando a su perro y los padres con sus hijos se unían a la diversión. Este año pasado viajé a Washington (Distrito de Columbia), donde Caroline había erigido un palo de mayo en medio de una rotonda con poco tráfico. Se trataba de una ubicación perfecta en la ciudad, con muchos transeúntes curiosos que al poco rato estaban bailando con coronas hechas de ramas en flor.

Y además, en verano, cuando éramos niños, esperábamos hasta que oscurecía el día de la verbena de san Juan y nos reuníamos para ver la mayor hoguera del año: la hoguera de san Juan. Observábamos, en silencio, cómo los alumnos del curso que se habían graduado caminaban hacia la pila de leña seca y recitaban un poema al unísono antes de encender el enorme fuego. Luego cantaban mientras la muchedumbre se acercaba lentamente y las llamas de la hoguera iban menguando. Después de las canciones, recuerdo observar a los chicos mayores competir en actos temerarios en los que saltaban por encima del fuego mientras se iba apagando ya avanzada la noche. Tradicionalmente, las cenizas de la fogata se esparcen por los campos de los agricultores para protegerlos durante el siguiente año.

En la actualidad, en los bochornosos meses estivales, Vanessa y yo salimos a nadar por la noche. Conducir hasta el estanque secreto en el que nadamos una noche de verano contiene la promesa de una renovación. Nuestros cuerpos, sudorosos tras un largo día, ansían la frescura del agua y la suavidad de la arena. Después de desnudarnos, corremos hacia el estanque, gritando encantados. Luego llega la subida de adrenalina con la inmersión: nuestros cuerpos están en casa. A veces simplemente nos recostamos, en silencio, mirando a las estrellas. Muy frecuentemente me he olvidado de mis lentillas y todo es como una niebla borrosa. Sea como fuere, nuestros hombros se relajan. Los problemas del día parecen disolverse en esa masa de agua.

Redefinir un calendario litúrgico

Mientras descubrimos pedazos de la cultura religiosa que han desaparecido para muchos de nosotros, podemos pensar en marcar unas celebraciones tal y como hacen las congregaciones a través de un calendario litúrgico. Este calendario marca los ciclos de fiestas y de otras celebraciones a lo largo del año, no sólo recordando a los fieles las fiestas religiosas, sino también vinculándolas a las recurrentes estaciones. Hay algo maravillosamente tranquilizador sobre el tiempo litúrgico. No discurre de forma lineal como nuestro calendario civil, que cada año crece en una cifra. En lugar de ello, el tiempo litúrgico es un círculo interminable. Me encanta saber que, independientemente de si triunfo o fracaso en cualquier empresa o relación, el tiempo litúrgico, junto con las estaciones, regresará una y otra vez. Por supuesto, esto no significa que sea igual cada vez, así que una espiral quizás suponga una mejor forma que simplemente un círculo; pero la naturaleza nos enseña que nuestras propias pequeñas vidas tienen lugar dentro de una cadencia celestial. Ayuda a reestructurar nuestros problemas y ambiciones, nuestras pérdidas y nuestros anhelos. Alexander Schmemann, teólogo de origen estonio, incluso argumenta que vivir siguiendo un calendario litúrgico puede ayudarnos a descubrir nuestro poder. Como el tiempo litúrgico está repleto de festividades, vivir de acuerdo con este calendario nos proporciona pausas naturales de nuestra cultura de esfuerzo y agotamiento. «El mundo moderno ha relegado la alegría a las categorías de "diversión" y "relajación"», escribe. «Está justificada y es permisible en nuestro tiempo de ocio: es una concesión, un acuerdo mutuo». Pero, argumenta, hemos dejado de creer que la celebración y la alegría tengan nada que ver con los problemas graves del mundo. De hecho, marcarse intencionadamente un calendario litúrgico puede suponer una respuesta a los mismísimos problemas a los que nos enfrentamos cada día. Para Schmemann, celebrar las estaciones es un generador de poder, valentía y perspectiva. Frente a todas nuestras aflicciones contemporáneas, la celebración de estos momentos estacionales es un generador de alegría.

Por supuesto, los festejos con los que crecí proceden del norte de Europa, y representan elementos de la historia cristiana; pero puedes recurrir a tu propio linaje y tus raíces culturales. Independientemente de aquello en lo que creas, estas prácticas se vuelven mágicas en nuestra memoria. La belleza, los paisajes transformados, las risas: cada uno de ellos supone un consuelo en nuestra imaginación. Saber que estos festejos se vuelven a celebrar cada año aporta solidez y nos da la bienvenida a medida que el año avanza. La monja benedictina Joan Chittister se refiere al calendario litúrgico, que se repite, como «un ejercicio de maduración espiritual». Aunque los festejos no cambian, nosotros sí lo hacemos. Nuestras vidas fermentan con la levadura de la celebración. El año cobra vida en nuestra imaginación, lo que significa que siempre hay algo que esperar con ilusión.

Pasa algo de tiempo pensando en qué festejos podrías querer celebrar, o cómo los que ya celebras pueden intensificarse de modo que sean puentes importantes de conexión con la naturaleza. Puede que estos festejos marquen momentos que compartiste con tu familia (el Eid al-Fitr o Fiesta del Fin del Ayuno, el Día de los Muertos, la Navidad, el Juneteenth o Dia de la Liberación o Emancipación, o el Rosh Hashanah o Año Nuevo judío). Puede que recurras a celebraciones civiles o deportivas, o a algo procedente de las películas (*Atrapado en el tiempo*, el Día de san Valentín, el día inaugural de la temporada de béisbol); o puede que hagas hincapié en celebrar una fiesta al principio de cada estación (primavera, verano, otoño e invierno) y que puedas escoger si ser explícito al respecto o no, con actividades y decoraciones, o mantener la razón de tus fiestas trimestrales como un secreto litúrgico.

Sé que tengo que celebrar cosas, especialmente cuando las cosas están feas. Febrero ya es un mes duro de por sí, pero en Boston, las primeras señales de la primavera no llegan hasta finales de marzo, por lo que el tramo final del invierno es mi época menos favorita del año. Desde que me casé con Sean, he disfrutado de que marzo también es el momento cumbre del baloncesto universitario. Animando a los Kentucky Wildcats, mientras intento dilucidar algunas de las normas del baloncesto, se ha convertido en una tradición anual. Pese a que no sigo al equipo durante el resto del año y no tengo mucho en común, culturalmente hablando, con mis suegros, que son miembros forofos de la Big Blue Nation (la base de seguidores de los programas de atletismo de la Universidad de Kentucky, particularmente el equipo de baloncesto masculino, el equipo de baloncesto femenino y el equipo de fútbol), éste es un momento en el que me uno a los largos hilos de textos para compartir los momentos de emoción relacionada con el baloncesto y los inevitables disgustos juntos. El torneo March Madness (Locura de marzo) de la NCAA (la asociación que organiza la mayoría de los programas deportivos universitarios en Estados Unidos) se ha convertido, para mí, en la señal de que el invierno pronto habrá acabado y que todo irá bien.

Además de celebrar las estaciones o de reverenciar ciertas fiestas que marcan un nuevo ciclo del año, piensa en cómo podrías integrar a la naturaleza en otras celebraciones. Al celebrar la parte británica de nuestra boda, mis padres les pidieron a todos nuestros invitados que trajeran botas de senderismo o un calzado apropiado para caminar. Como la fiesta se celebraba en agosto, queríamos hacer que esa parte del año formara parte de la fiesta. Antes de servir la tarta, nos dirigimos a dar un largo paseo por el bosque que hay detrás de casa de mis padres.

Al igual que sentarse en torno a la mesa del banquete, un paseo compartido permite que la gente charle relajadamente, sin presiones. Puedes pasar de una conversación a otra, o simplemente tomarte un poco de tiempo para estar por tu cuenta. El paisaje por el que caminas hará que tu celebración cobre vida.

Hay mucho que extraer de las tradiciones antiguas para crear celebraciones estacionales modernas, pero también hay comunidades y rituales contemporáneos que ya están llevando a cabo esta tarea. Un número creciente de grupos de mujeres, hombres y miembros de la comunidad LGBTQ+ se reúnen en torno al calendario lunar, aportando un ritmo regular a las reuniones y compartiendo un espacio para la intimidad y la conexión. Recurriendo a la tradición, uno de estos grupos (At the Well) conecta a las mujeres con su cuerpo, alma y comunidad mediante la educación en el *wellness* o bienestar y la espiritualidad judía. Sarah Waxman y su equipo están reviviendo el calendario hebreo en toda su gloria lunar cíclica para celebrar una nueva iteración del Rosh Chodesh (el primer día después de una luna nueva). Los Well Circles (Círculos Well), que se reúnen cada mes por todos Estados Unidos, proporcionan a las mujeres un espacio para conectar, aprender y ser oídas. Cada mes, la comunidad crea un nuevo Manual de la Luna para que los círculos los usen, y está repleto de relatos inspiradores, ejercicios creativos, recetas y poemas, todos ellos recopilados de mujeres líderes de todo el mundo.

Otras comunidades, como el Artisan's Asylum de Somerville (Massachusetts), adaptan las festividades anuales tradicionales para crear su propio calendario de la comunidad. Cada año, los joyeros, los artistas de las impresiones en 3D, los ebanistas y otros artistas que hacen uso de este espacio para artesanos se reúnen para celebrar el Makersgiving (Día de Acción de los Creadores) durante la época del Día de Acción de Gracias. No sólo contribuyen cada uno de ellos a la comida en la que cada participante trae un plato, sino que ofrecen algo que han hecho en el taller compartido durante el año, generando una verdadera festividad de la creatividad. El otoño cobra un nuevo significado para estos artistas: es el momento de mostrar y celebrar su trabajo del año anterior.

Por supuesto, el poder de estas celebraciones consiste en no llevarlas a cabo sólo una vez. La sabiduría de marcar las estaciones es que regresamos a ellas año tras año. Al hacerlo, nos damos cuenta de cosas en la naturaleza de las que quizás no hubiésemos sido conscientes antes. Puede que estemos atentos a ciertas flores primaverales para que nos hagan saber que falta poco para el Día de los Mayos. Puede que nos demos cuenta de que el sol está más bajo en el firmamento que la semana pasada, lo que nos recuerda que el equinoccio de otoño está llegando. El olor de las hojas en descomposición o la hierba recién cortada, el ver unas sombras más alargadas o unos cervatillos, y el sonido de un jilguero o de un riachuelo rebosante nos dicen dónde nos encontramos en el ciclo de la naturaleza. Probablemente dispongas de tus propias señales de las que te das cuenta.

Las celebraciones que conservamos cada año nos recuerdan que prestemos atención y que llevemos la cuenta de las fiestas estacionales. Sabes que la tradición te ha llegado hondo cuando tus hijos, amigos o familiares empiezan a marcar ese momento, incluso aunque tú no estés ahí. Por ejemplo, cuando estaba creciendo, fui a escuchar *La Pasión según san Mateo* de Bach cada Viernes Santo, y pese a que ahora vivo lejos de mi familia, me aseguraré de escuchar esta épica pieza de música clásica de tres horas de duración de principio a fin por lo menos una vez antes de la Semana Santa. No me sentiría bien si no lo hiciera.

Celebrar la naturaleza cuando vives en una ciudad

Conectar con la naturaleza es, de las cuatro conexiones, la más desafiante para mí. Vivo en una ciudad en la que me cuesta un verdadero esfuerzo sacarme del entorno edificado. Las hordas de turistas que pasean bajo mi ventana cada mañana hacen que sea difícil concentrarse bajo la tenue luz del sol matutino. Sin embargo, si tenemos la intención, regresar a la belleza natural no exige de un viaje a lugares lejanos ni de unas vistas impresionantes. Hay, por ejemplo, un árbol que se yergue frente a mi ventana en medio de Harvard Yard, el parque del campus de la Universidad de Harvard. Es un árbol anodino: no es el más alto ni el más grande, pero he llegado a la conclusión, con este árbol, de que es un testimonio de la belleza y la naturaleza salvaje en medio del cemento y la estructuras edificadas de la ciudad. Cada mañana, mientras me siento sobre mi almohadón de meditación, paso el ultimo minuto, más o menos, contemplando el árbol. Me he enamorado un poco de este árbol: tanto que incluso pienso en él cuando estoy de viaje, meditando en la habitación de un hotel o cuando estoy en casa de unos amigos. Prestándole atención cada mañana, me doy cuenta de las sutiles señales del paso del tiempo. Al igual que celebrar las estaciones, el simple hecho de ser consciente de este árbol cada día me proporciona un ritmo.

Cuando nos fijamos en la naturaleza, hay muchas cosas que dependen de la forma en la que miramos. ¿Vemos una ubicación (un espacio muerto) o un universo vivo (un paisaje lleno de vida y de posibilidades)? El mundo exterior se convierte en una metáfora de nuestro propio paisaje interior desconocido. A veces, el árbol desnudo en una mañana apagada y gris le habla a mi tristeza de una forma para la cual todavía no había encontrado palabras; o puede que mi vista capte a un pájaro entre sus ramas, yendo y viniendo, reflejando cómo mi propio cerebro va de un sitio a otro una y otra vez. De esta forma, podemos fijarnos en la naturaleza como si se tratase de un texto sagrado, «releyendo» las vistas desde una ventana una y otra vez para encontrar nuevas conexiones y un nuevo significado. Puedes probar esto comprando plantas para tener en el interior o en tu escalera de entrada y enfocando tu mirada en los nervios de una única hoja. Anna Murray, cofundadora de Patternity, llama a esto «rumiar frente a lo micro». También puedes rumiar frente a lo macro encontrando un lugar desde el que puedas ver el cielo cambiar desde el amanecer hasta el atardecer para regresar el ritmo natural de la Tierra.

John O'Donohue escribe que prestar atención a la belleza en el mundo cultiva lo sagrado en nuestro interior. «La belleza nos aborda desde un lugar que se encuentra más allá. Capta toda nuestra atención porque sintoniza con la sensación del más allá que ya está presente en nosotros. En este sentido, la belleza es la visitación ideal: se asienta de inmediato en ese "otro lugar" que hay en nuestro interior». Piensa en Ana Frank mirando hacia un pequeño patio desde el anexo secreto en el que estaba escondida. Durante dos años miró al mismo cuadrado de cielo, pájaros y castaño, y de algún modo fue capaz de inventarse una magnífica vida interior mientras las garras de la ocupación nazi y la traición de sus vecinos se iba acercando cada vez más.

Puede que esta disciplina para ser consciente de la naturaleza entre las restricciones marcadas por el hormigón nos ayude a desarrollar un buen ojo. En la clase de biología de la escuela secundaria me dieron en una ocasión una superficie de un metro cuadrado enmarcada por un alambre y tuve que contar cuántas especies de plantas podía encontrar en su interior. Cada brizna de hierba adquirió, de repente, una importancia trascendental. Un nuevo mundo se abrió: margaritas, dientes de león, hierba de ajo y un cardo aislado; incluso una mariquita y un mosquito gigante. Esto es lo que hace falta para aprender cómo prestar atención a la naturaleza cuando no tienes ni un solo árbol en tu manzana de pisos para decirte si la primavera está llegando. Deléitate en las pruebas de las estaciones que veas. En un sencillo pasto, tal y como diría el rabino Nachman de Breslov, que vivió en el siglo XVIII, incluso la hierba puede despertar nuestros sentidos.

Aunque no podamos salir de casa, la naturaleza puede venir a nosotros. Con cada estación que pasa, mi madre decoraba una mesita en el recibidor de casa. En ella había libros o un cuadro que reflejaba el momento de año, como por ejemplo de setas a principios de otoño; o tenía largas ramas en primavera junto con huevos de Pascua decorados en casa; o grandes calabazas alrededor de Halloween, o una corona de vegetación perenne y acebo en diciembre. En la actualidad, más que una mesa relacionada con la naturaleza, mi marido dispone flores y vegetación: ranúnculos rosas, peonías blancas, hierbas largas, guisantes de olor. También anuncian el ritmo transitorio de las estaciones. He visto que un ramo de flores cuidadosamente seleccionadas puede infundirnos lo que el escritor escocés Richard Holloway describe como «la sensación de la que muchos no podemos desprendernos, de que, sin embargo, y aunque no se explica a sí mismo, el universo parece haber sabido que estábamos llegando». Que, de algún modo, pertenecemos al universo, y que ser testigo de la belleza del universo es un regreso al hogar, aportando una sensación de completitud y certeza a nuestra vida.

El mundo como amante, el mundo como uno mismo

Un día, cuando tenía ocho o nueve años, caminé a casa desde la escuela para encontrarme con doce adultos que hacían ver que eran zanahorias en nuestro jardín trasero. Empezaron poniéndose en cuclillas en el suelo, encogiéndose tanto como pudieron, y luego se estiraron gradualmente para ponerse de pie tan largos como eran y sobre las puntas de sus pies. Les dirigía Jutka Harstein, una amiga húngaro-israelí de mi madre. Quería dar clases de cocina, por lo que mi madre le ofreció nuestra cocina. Una docena de personas estaban reunidas ahí para aprender a cocinar goulash y las hamburguesas vegetarianas perfectas (nuestra familia sigue hablando de ello veinticinco años después). La genialidad de Jutka era que nunca desaprovechaba nada. Las pieles de las verduras se convertían en el caldo de la sopa del día siguiente o en un refrescante batido de verduras. Para enseñar esta mentalidad no empezó sus clases de cocina explicando cosas sobre los cuchillos y las temperaturas de cocción, sino que invitó a todos a encarnar la propia comida. Cada alumno tenía que encarnar el ciclo vital de una zanahoria para comprender completamente los dones nutritivos que tenía que ofrecer. De ahí el ejercicio del grupo en nuestro jardín.

Lo que esta práctica revela es un cambio central de paradigma que puede ser difícil de captar en el siglo XXI. Hasta el momento nos hemos fijado en prácticas que nos ayudan a conectar desde nuestro cuerpo humano hasta la naturaleza; pero esta práctica final pide algo diferente. En lugar de vernos a nosotros mismos como distintos de nuestros paisajes, podemos comprender que somos el propio paisaje.

Joanna Macy, la gran activista medioambiental budista, explica que «el propio mundo, si somos audaces para amarlo, actúa a través de nosotros. No nos pide que seamos puros ni perfectos, ni que esperemos hasta que nos hayamos desprendido de todas las pasiones, sino que sólo nos importe, que aprovechemos la intención dulce y pura de nuestras pasiones más profundas». Presenta cuatro visiones del mundo a través de las cuales comprendemos nuestra relación con la naturaleza, dos de las cuales dominan nuestro pensamiento en la actualidad y dos que podrían transformar totalmente la forma en la que podemos comprendernos y modificar nuestro comportamiento destructivo como especie.

La primera consiste en pensar en el mundo como en un campo de batalla en el que las fuerzas del bien luchan contra las fuerzas del mal. En esta mentalidad, la Tierra es un recurso que explotar y moldear para satisfacer nuestros deseos humanos. El paisaje natural es un telón de fondo para nuestro drama humano, y cualquier daño hecho es una desgraciada exterioridad para nuestro objetivo mayor. Piensa en lo que ves en los titulares de los periódicos o escucha la forma en la que la mayoría de los líderes de los negocios y los legisladores hablan. En este paradigma, conservar «el medio ambiente» choca con los objetivos para hacer crecer la economía, por lo que las excavaciones a cielo abierto, las perforaciones y los vertidos de residuos son una lamentable necesidad. Nuestra propia versión a menor escala de este marco es ver nuestra propia vida como algo distinto de la naturaleza. Podemos, por ejemplo, visitar lugares con vistas o paisajes naturales durante unas vacaciones, pero la naturaleza está, en gran medida, «ahí fuera» y lejos de nosotros.

Macy identifica el segundo paradigma como considerar que el mundo es una trampa. Aquí, cualquier vínculo con la realidad física es un impedimento para nuestro gran viaje espiritual. Piensa en personas espirituales conscientes de sí mismas que descartan las realidades terrenales porque están puramente centradas en una «conciencia superior». Este marco sigue una lectura simplista de la tradición platónica en la que la cosa más real es el reino no físico. La Tierra es simplemente un hermoso escenario de fondo para nuestra iluminación individual. Esto tiene poco sentido si nos fijamos más detenidamente, incluso en la metafísica budista. El Buda enseñó la separación del ego, y no el desapego del mundo. «Intentar escapar de algo de lo que dependemos genera una relación de amor-odio con ello. Esto enciende un deseo doble: destruir y poseer», explica Macy en su libro *World As Lover, World as Self*.

Estas dos formas de pensar moldean buena parte de nuestra realidad. Para intentar proteger las selvas tropicales y los ríos de su uso industrial, los activistas medioambientales deben demostrar el valor económico de estos «activos», de modo que se consideren valiosos para nuestro sistema económico obsesionado en el crecimiento. Cuando consideramos que el objetivo de la naturaleza es satisfacer nuestras necesidades (o como un impedimento para nuestro éxito), la condenamos a la destrucción. Nos centramos en nuestro propio crecimiento espiritual individual sin comprender la interconexión de todas las cosas.

En lugar de ello, argumenta Macy, podemos pensar en el mundo como en nuestro amante. «Cuando consideras al mundo como tu amante, cada ser, cada fenómeno, puede convertirse en una expresión de ese impulso erótico continuo». El viento sonando entre los árboles susurra nuestro nombre. Las olas rompientes acarician nuestra piel. Ese té del peregrino es una carta de amor de la Tierra. Puede suponer un cambio de marco difícil. Es como un cónyuge que ha estado demasiado tiempo separado de su pareja: puede parecer demasiado íntimo e incluso beligerante. Esta forma de pensar nos desafía a estar presentes en la naturaleza con mayor frecuencia, porque aprenderemos a volver a enamorarnos de ella.

En 2008 fui excesivamente afortunado por ser uno de los veinte jóvenes que se unieron a un viaje de diez días al Ártico con el Fondo Mundial para la Naturaleza para conocer el impacto del deshielo del océano Ártico. Por supuesto, había oído hablar del Polo Norte, y comprendía vagamente cómo la pérdida de la masa de hielo provocaría que el nivel de los mares creciese en todo el mundo. Después de conferencias impartidas por científicos y visitas a lugares para comprender los cambios de primera mano, lo que realmente fijó mi perspectiva fue ver a un oso polar jugando en la nieve. De pie, en la cubierta del barco, con una camiseta, mientras el sol, demasiado cálido, caía sobre nosotros, me enamoré por completo del Ártico: desde las pequeñas flores púrpura hasta los enormes glaciares. Regresé no sólo con un sólido conocimiento de la ciencia de la climatología, sino con un amor intrínseco por este hermoso paisaje, que va camino de desaparecer por completo en algunas décadas. Puede que también pienses en cómo los nativos norteamericanos o los pueblos de las naciones originarias en la reserva india de Standing Rock se llamaban a sí mismos «protectores», y no «protestantes», ya que cortaron temporalmente el oleoducto Dakota Access que se estaba construyendo y que atravesaba sus tierras. Estaban protegiendo su valor inherente.

En Australia y Canadá es frecuente que los eventos públicos empiecen con un reconocimiento de que se está celebrando una reunión en tierra nativa. Estados Unidos tiene una larga y dolorosa historia de incautaciones de tierras que no sólo desposeyeron a los nativos norteamericanos de sus territorios y de su libertad de movimientos, sino que también destruyó conexiones espiritualmente ricas con el lugar y la identidad. El Departamento Estadounidense de las Artes y la Cultura, una red de acción política comunitaria, dispone de un preciosa caja de herramientas para honrar a la tierra nativa en las reuniones (ayuntamientos, conferencias de negocios e incluso bodas), y en mi experiencia de la práctica de honrar a la tierra nativa en la inauguración de nuestras convocatorias How We Gather, modifica la forma en la que nos relacionamos con el lugar que estamos visitando. Tomarse un momento para ser testigo del lugar y de la gente que ha vivido en él imbuye a un evento de un significado más profundo y un mayor contexto. Por supuesto, las tradiciones religiosas y culturales han venerado desde hace mucho tiempo los lugares naturales. Los santuarios sintoístas flanquean la base del Fuji-san (Monte Fuji), el pueblo Chaga de Tanzania reverencia al Monte Kilimanjaro, y los antiguos griegos tenían el Monte Olimpo.

Más recientemente, millones de personas se han enamorado de la naturaleza viendo las series de documentales de la BBC *Planeta Tierra* y *El planeta azul*. Las increíbles tomas traen a la vida rincones del mundo ocultos como algo más que meros artículos de interés. Las plantas y los animales imbuyen a nuestro corazón de amor y protección. Al ver un programa que despierta este tipo de veneración y conexión, intenta aferrarte a él tomando notas en un diario o simplemente respirando conscientemente para recordar esa sensación de profundo consuelo. En el caso de que tengas una mascota, intenta expandir el amor que sientes por tu perro, gato u otro animal a todos los animales y los seres vivos.

El cuarto y último paradigma al que Macy nos invita es a ver al mundo como uno mismo. La naturaleza ya no es algo externo a nosotros, un paisaje para admirar e incluso amar: en lugar de ello, nosotros *somos* naturaleza. Somos el propio mundo. El gran activista medioambiental John Seed encarna esto cuando dice: «Intento recordar que no soy yo, John, intentando proteger la selva tropical. Más bien formo parte de la selva tropical protegiéndose a sí misma. Soy esa parte de la selva tropical recientemente surgida en el pensamiento humano». Es desestabilizador pensar de esta forma, pero mi sensación es que cada uno de nosotros hemos tenido momentos de este tipo de experiencia: el destello de una misteriosa sensación como de sentirse en casa al mirar al cielo nocturno, la mágica sensación de ser tanto una mota intrascendente en medio de un vasto paisaje y, pese a ello, tan incontablemente grande como como el propio universo. Ese mundo que requiere de la confluencia de ambas variables es donde Macy quiere que vivamos. En este cambio de identidad, pasamos de un «yo» aislado a «una sensación más amplia de quiénes somos». Este paradigma se conoce con el nombre de ecología profunda, y es exactamente lo que Jutka estaba enseñando al hacer que sus estudiantes de cocina hicieran ver que eran zanahorias. El encarnar físicamente el mundo natural ayuda a cambiar nuestra mentalidad para recordarnos, en alguna sabiduría cósmica mayor, que *somos* la zanahoria.

Sé que si no tengo cuidado, apartaré a un lado la tristeza que siento al leer sobre el vertido de petróleo de BP, o la hambruna entre la población de osos polares salvajes, o la extrema pérdida de especies que estamos experimentando. Después de sólo tres años de activismo a jornada completa movilizando a jóvenes en torno a los objetivos de la Organización de las Naciones Unidas con respecto al cambio climático, el dolor fue insoportable y me quemé. Me sentí estúpido por implicarme tanto emocionalmente, pero ¿cómo podemos evitarlo? Al entrar en una conciencia más profunda del mundo natural, encuentro algo de consuelo al saber que mientras los patrones climatológicos cambian frenéticamente y que entraremos en un largo período de estrés hídrico, crisis alimentaria y refugiados climáticos, la propia Tierra se estabilizará a medida que pasen los milenios. Tristemente, si los humanos sobreviven como especie es una cuestión completamente distinta.

Nuestra cultura dominante tiene poco espacio para esta ansiedad y pena medioambiental, y aprendemos a hacer oídos sordos a esa empatía natural y a separarnos de nuestro entorno. En su ensayo «Ecology and Man» («La ecología y el hombre»), el medioambientalista Paul Shepard explica que esto es contrario a nuestra biología innata. «Nuestras formas de pensamiento y nuestro lenguaje nos animan a vernos a nosotros mismos o a una planta o un animal como algo aislado, una cosa, un yo contenido, mientras que la epidermis es, ecológicamente hablando, como la superficie de un estanque o la tierra de un bosque, y no tanto una cáscara como una interpenetración delicada». Los límites que nos han enseñado a ver son, de hecho, puertas de entrada a la conexión. Una práctica sencilla para reconectar con esta perspectiva consiste en verbalizar el paisaje en el que te encuentras como si tú fueras el paisaje hablando, igual que John Seed expone: «Yo soy el estanque y el estanque soy yo» o «El viento que se mueve entre mis ramas parece frío».

Estar como en casa en el mundo

No tengo dudas de que ya dispones de tus propias formas de conectar con la naturaleza y de que estas prácticas pueden enriquecer profundamente tu vida espiritual. Puede que te centres en honrar a los elementos aire, tierra, agua y fuego allá fuera, en el mundo, zambulléndote desde acantilados o sentándote en torno a una hoguera; o que crees espacios para honrar a los elementos en casa: encendiendo una vela, dándote un baño, practicando la respiración consciente, cuidando de una planta en una maceta. Puede que celebres el Año Nuevo chino o el festival japonés del Tanabata, tejiendo deseos escritos en coloridas tiras de papel y colgándolas de arbustos de bambú o de árboles. Puedes salir a dar un paseo el día de Navidad o sumergirte en el agua el día antes del Yom Kippur. Puedes ir a ver a un cierto árbol al salir a pasear al perro o al salir a correr. Puedes empezar a practicar jardinería o a hacer arreglos florales. Puede que crees tu propia mesa de exhibición de la naturaleza o un altar con tus conchas, plumas, piedras y flores secas favoritas. Independientemente de las prácticas que ya sigas o quieras explorar, recurre al contexto del paisaje que te rodea para inspirarte.

También puedes reflexionar sobre tus propios lugares naturales sagrados. ¿De dónde vienes? ¿Dónde yace la historia de tu familia? ¿Qué lugares te han definido? Puedes hacer un viaje sanador o simplemente hacer una caminata larga una vez por semana. Puedes hacer una peregrinación en cualquier momento, siguiendo un sendero de largo recorrido o saliendo al mundo desde la puerta de tu casa. Puede que tu lugar de peregrinación sea el patio trasero de casa de tus abuelos, el océano, un huerto de árboles frutales o un pequeño parque en medio de la ciudad; o puede que conviertas un viaje para visitar a alguien a quien quieres en una peregrinación. Tal y como dice Will Parsons, mi guía de peregrinaciones: «Nuestro paisaje espiritual está abierto a todos».

También puedes, simplemente, quedarte donde estás, encontrar un lugar en el suelo y mirar al cielo, sabiendo que ahí estás en casa.

Capítulo 4

CONECTAR CON LA TRASCENDENCIA

Mi primer trabajo de verdad fue lavando platos en el pub de mi pueblo. Cada turno de fin de semana me reportaba suficiente dinero para comprar una nueva novela de misterio de Agatha Christie, algunos bolígrafos de gel (mejor si eran de olores) y enormes cantidades de chocolate. En mi pequeña salida semanal para fundirme el dinero en compras, pasaba por un supermercado, por un proveedor de equipos de sonido de categoría y por mi tienda favorita, que se llamaba Between the Lines. Para mi yo de trece años, esta tienda representaba todo lo que una vida adulta de ocio podía ofrecer. Cosas que eran bonitas pero no necesarias: cestas de mimbre, velas, almohadones de diseño danés y, lo mejor de todo, una amplia selección de música de spa y aceites esenciales.

Me llevó un año reunir la valentía para entrar. Incluso entonces, pasé tres veces por delante del escaparate antes de acceder al local. Había visto anuncios de balnearios en la televisión, y pensando que eran el máximo lugar de paz y seguridad, en contraste con el cúmulo de hormonas que suponía el internado con mis compañeros, quería recrear esa escena en la que iba ataviado con un albornoz en mi habitación. Me compré un CD que reproducía el sonido de las olas del océano superponiéndose al Canon de Pachelbel y algo de aceite esencial de lavanda, sin tener muy claro cómo usarlo, pero con la confianza en mi capacidad de dar con una forma de hacerlo.

Una vez en casa, puse la música, con los sonidos marinos y todo eso, y me froté el aceite en las palmas de las manos. Me aseguré de estar solo y cerré los ojos. De pie, con el torso desnudo, pasé mis manos delicadísimamente por la superficie de mi cuerpo, casi masajeando el aire, y luego coloqué mis manos encima de mi corazón. Se me llenaron los ojos de lágrimas y ya no pude contenerlas. Lloré. Durante mucho rato. No porque estuviera especialmente triste en ese momento, sino porque el «yo» que sentía pena se había diluido en algo mucho mayor que mí mismo que podía contener toda la enormidad del dolor y la tristeza que se encuentra en cualquier vida humana. Los sonidos del océano y el olor de la lavanda sugerían una presencia mayor, que era tanto yo como no yo, y no se resistió a mis lágrimas. Sin ser capaz de explicar por qué, sentí como si el universo conociese la profundidad de mi sufrimiento y que, de algún modo, todo iba a ir bien.

Muchos de nosotros tenemos historias así. Tenemos momentos en los que sentimos que un puente ha aparecido entre nosotros y algo que se encuentra más allá. Ese puente puede aparecer cuando exploramos un ritual casero que revisitamos de vez en cuando pero del que nunca hablamos. Esos momentos parecen misteriosos porque no podemos racionalizar lo que ha sucedido. Aunque parecen especiales, e incluso sagrados, después nos sentimos avergonzados e incómodos. «¿Qué narices estaba haciendo? ¡Ni siquiera creo en estas cosas! ¡¿Masajeando mi aura?! No le expliquemos esto nunca a nadie. Nunca». Puede ser desconcertante. No ostentamos el control cuando nos entregamos a una experiencia así. Hemos cedido nuestro poder, nos hemos dejado ir por completo y después regresamos a nosotros mismos con lo que Brené Brown llama una resaca de vulnerabilidad.

He aprendido a comprender los momentos como éste como si se tratasen de una oración. Siempre me he mostrado receloso de esa palabra, pero he descubierto que las prácticas de oración son hermosas, poderosas y quizás incluso necesarias para que nos sintamos profundamente conectados con lo que hay más allá de nosotros.

La oración no es lo que pensamos que es

Siempre había pensado que la oración era el elemento más ridículo de la religión. Parecía absurdo ir a una máquina expendedora en el cielo y pedirle a dios las cosas que querías. Había oído historias de personas que no tomaban la medicina que le podía salvar la vida porque serían «sanados mediante la oración», y había leído sobre padres que les decían a sus hijos que «rezaran para mantener a los homosexuales alejados». La oración no sólo era ridícula, sino que parecía activamente peligrosa. Pertenecía a una época en la que no sabíamos cómo se transmitían las enfermedades o cómo cambiaban los patrones climatológicos. La oración era, en resumen, para tontos.

En la actualidad, no obstante, la entiendo de forma distinta. Sigue sin ser una máquina expendedora celestial. No consiste, en el fondo, simplemente en pedir lo que quieres; y ciertamente, no está confinada a las palabras dichas mientras estamos de rodillas frente a nuestra cama, con las palmas de las manos en contacto y la cabeza agachada. En lugar de ello, la práctica de la oración consiste en ser consciente de (y en decir la verdad sobre) cómo nos sentimos y pensamos en realidad, tomando lo que ha sido inconsciente y llevándolo a la conciencia completa. La erudita de la psiquiatría y la religión Ann Ulanov y el crítico de jazz Barry Ulanov llaman a este tipo de oración «discurso primario». «Todo el mundo reza», escriben. «Rezar consiste en escuchar y en oír a este yo que está hablando… En la oración decimos quiénes somos en realidad». La oración consiste en escuchar lo que nuestros corazones saben que es verdad: los amores y anhelos profundos que viven dentro de todos nosotros.

El gran escritor ruso ortodoxo Anthony Bloom habla de que la verdadera oración es el proceso mediante el cual las cosas «de repente se revelan con una profundidad que nunca antes hemos percibido o cuando, súbitamente, descubrimos en nosotros una profundidad». Esta experiencia es maravillosamente, y en ocasiones amedrentadoramente, liberadora. Nos proporciona «la sensación de que estamos libres de posesión, y esta libertad nos asienta en una relación en la que todo es amor: amor humano y amor divino». Bloom sabía de lo que hablaba. Mientras crecía en Irán y Rusia, sirvió como cirujano en las líneas del frente con el ejército francés en la Segunda Guerra Mundial.

La oración es el camino hacia un amor siempre mayor. Fusiona nuestro amor humano con lo que Bloom llama «amor divino», pero puedes traducir eso a cualquier lenguaje que abra tu corazón. Para mí es esa sensación de algo más, de algo mayor que mí mismo que es esencialmente misterioso y siempre se encuentra más allá del lenguaje. Practicar la oración consiste en regresar continuamente a este camino de amor. Como nuestra vida es tan plena, Bloom escribe en su libro *Comenzar a orar*: «Podemos imaginar que no puede haber nada más que esto, que hemos encontrado satisfacción y plenitud, que hemos llegado al final de nuestra búsqueda; pero debemos aprender que siempre hay más».

Así pues, ¿cómo practicamos la oración? Probablemente ya lo estés haciendo. En este capítulo nos fijaremos en cuatro tipos de oración: adoración, contrición, agradecimiento y súplica. He escogido estas palabras anticuadas porque produce placer saber que estamos siguiendo el camino trillado que siguieron las generaciones anteriores a la nuestra. Con esto no queremos decir que debiéramos sentir la necesidad de legitimar nuestras prácticas modernas con definiciones antiguas y arcaicas, sino que simplemente significa que éste es otro caso de recuperación de sabiduría valiosa de los tesoros encerrados en las tradiciones religiosas. Mi amiga Carol Zinn, Hermana de San José, que es una mujer influyente y divertida que ha vivido muchos años como monja católica, me enseñó esta práctica de oración de cuatro partes que se ha convertido en la base de mis mañanas desde entonces. Puedes seguir estas cuatro etapas en la ducha, en el autobús, sobre un almohadón de meditación o antes de quedarte dormido. Puedes escribir unas palabras en un diario o crear arte con un amigo; puedes hacerlo al aire libre o en casa, en cinco minutos o en cinco horas: hay un millón de maneras de dar forma a una práctica de la oración. Lo que espero compartir es un marco que puedas aplicar a lo que ya estés haciendo para ayudar a asentarlo y profundizarlo, para encontrar una conexión más profunda con ese algo que es mayor que todos nosotros.

Adoración

Irónicamente, el primer paso para una conciencia más profunda no tiene que ver con la introspección. Consiste en *alejarnos* radicalmente de nosotros mismos, de descentrar nuestra experiencia individual y buscar ponernos al servicio de o formar parte de algo mayor que nosotros. Si el primer nivel de conexión que exploramos en el capítulo 1 consiste en conectar en profundidad contigo mismo, esta práctica consiste en conectar con una gran otredad.

Puede que hayas experimentado esta sensación de unión colectiva en un festival musical, en las calles durante una protesta o en medio de un estadio deportivo. Puede que hayas probado con una experiencia en un retiro que haya reiniciado tu perspectiva, o que sigas una práctica de *mindfulness* o de meditación. Incluso los espacios más pequeños pueden ayudarnos a conectar con algo mayor. Antes de mudarnos a nuestro apartamento, Sean y yo vivimos con tres maravillosos compañeros de piso, lo que significaba que el único lugar en nuestro apartamento en el que podía estar seguro de estar solo era el polvoriento armario de los abrigos invernales. Allí, entre los montones de cajas de herramientas y las botas de nieve, guardaba mi almohadón de meditación. Durante los dos años en los que vivimos en Trowbridge Street, lo primero que hacía por la mañana era meterme en el armario e iniciar mi tiempo de meditación escuchando una pieza de música. Motetes del siglo vxi como «Ego flos campi», de Jacob Clemens non Papa y composiciones contemporáneas como la evocadora «Spiegel im Spiegel», de Arvo Pärt, me hacían entrar en un período de dedicación a la oración. Ambas piezas tienen una cualidad etérea que me ayuda a conectar con ese «algo más» y a sentirme tranquilo. Aunque había descartado el poder de la oración para sanar a los demás, hay pruebas crecientes de que tomarse este tipo de tiempo intencional tiene numerosos beneficios de salud para nosotros. El doctor Herbert Benson, cardiólogo y profesor de la Facultad de Medicina de la Universidad de Harvard y pionero en el campo de la medicina de la mente y el cuerpo, descubrió lo que llama «la respuesta de relajación», que se da durante los períodos de oración y meditación. En tales momentos, el metabolismo del cuerpo se ralentiza, el ritmo cardíaco se reduce, la presión sanguínea baja y nuestra respiración se vuelve más relajada y regular.

Tradicionalmente, por supuesto, la adoración habría consistido en venerar explícitamente a dios. Esto puede que os suene a algunos de vosotros, pero si no es así, te sugiero que des con formas de elevar tu atención hacia la mayor belleza del mundo, hacia la mayor conexión que mantiene todas las cosas unidas. Puede que quieras leerte un poema o encontrar una pequeña selección de piezas musicales que te conmuevan; y, por supuesto, si el lenguaje de dios funciona para ti, adelante. Lo que me importa es esa sensación de adoración a algo mayor que nosotros mismos. La teóloga Renita J. Weems argumenta que estamos programados para la veneración, por lo que vamos a acabar adorando algo. Es mejor ser intencionado con respecto a qué es ese algo en lugar de caer en la trampa de venerar al dinero, el estatus y el poder, tal y como hace buena parte de nuestra cultura dominante.

Una de mis formas favoritas de descentrar consiste en recibir un buen masaje. Esto es un lujo, pero su valor es enorme. Por supuesto, tener a alguien que te frote la espalda parece relajante, pero me he dado cuenta de que es más que eso. Tengo algunas de mis ideas más creativas sobre mí mismo, mis relaciones y mi trabajo mientras recibo estiramientos y amasados en la mesa de masajes. Es ahí donde me he visto golpeado por un conocimiento profundo pero difícil sobre tener que disculparme con alguien, decidir dejar un trabajo o marcar límites en una relación destructiva. En manos de Misty, mi alucinante masajista, estoy completamente presente para mi cuerpo durante un inusual rato. Mientras ella aprieta y moldea, intento imaginar que sus manos son embajadoras de lo eterno mientras dedica unos cuidados y una fuerza divinos a mi cuerpo.

Una tendencia creciente en la actualidad consiste en la exploración de la psicodelia, especialmente con la ayahuasca, para ayudar a la gente a conectar con una sensación de lo divino. Aunque algunas personas experimentan unas ceremonias poderosas, especialmente cuando la experiencia con la droga es facilitada por un maestro o guía de sabiduría, sigo manifestando dudas sobre el uso de sustancias psicodélicas como única práctica espiritual, principalmente porque, parafraseando al erudito religioso Huston Smith, una experiencia espiritual no constituye, por sí misma, una vida espiritual. En su libro *Cómo cambiar tu mente: lo que la nueva ciencia de la psicodelia nos enseña sobre la conciencia, la muerte, la adicción, la depresión y la transcendencia*, Michael Pollan explica: «La integración es esencial para encontrarle sentido a la experiencia, ya sea dentro o fuera del contexto médico, ya que si no, no deja de consistir en una experiencia con las drogas». También me muestro receloso del turismo espiritual en el que buscamos desesperadamente experiencias transformadoras que proceden de culturas que no son la nuestra. Corremos el riesgo de tomar sólo los elementos emocionantes de estas tradiciones sin comprender la importancia y el contexto más profundos: un peligro especial en el caso de las tradiciones que se han marginalizado y colonizado, como las prácticas indígenas. También nos perdemos la oportunidad de aprender más cosas sobre las joyas ocultas de nuestros trasfondos y nuestras culturas. Por lo tanto, en lugar de fijarnos en las sustancias alucinógenas, sugiero que recurramos a herramientas sencillas para cultivar la atención de modo que podamos reorientarnos constantemente hacia los elementos de la vida que son mayores que nosotros mismos.

Cultivar la atención es tan poderoso que la activista y mística francesa Simone Weil es conocida por haber argumentado que incluso concentrarse en un problema matemático difícil preparaba para la oración. En *A la espera de Dios*, explica que «si concentramos nuestra atención en intentar resolver un problema de geometría, y si al cabo de una hora no estamos más cerca de hacerlo que al principio, habremos, no obstante, hecho progresos cada minuto de esa hora en otra dimensión más misteriosa». A pesar de que parezca que no está pasando nada, Weil nos promete que, no obstante, nuestros esfuerzos aparentemente baldíos dan lugar a aportar más luz al alma, incluso sin notarlo o saberlo.

Weil supo acerca de cómo forjar su propio camino espiritual porque era una forastera. Mientras crecía en Francia rodeada de una familia judía principalmente agnóstica y secular, padeció múltiples problemas de salud a lo largo de su niñez y más adelante en su vida. Vivió la Primera Guerra Mundial, después estudió junto con Simone de Beauvoir y se la conoció por sus puntos de vista políticos radicales. Se unió a la huelga general francesa de 1933, y su implicación en los derechos de los trabajadores moldeó de forma fundamental su espiritualidad de la solidaridad. A medida que se fue haciendo mayor, su sensibilidad mística se vio cultivada por su amistad con un sacerdote católico y la hizo profundizar en una vida religiosa, pero siempre externa a las instituciones. Rehusó ser bautizada y sólo presenciaba, pero no tomaba parte, en la celebración de la eucaristía. Para Weil, la clave para la práctica espiritual era «el comprender que la oración consiste en atención. Es la orientación de toda la atención de la que es capaz el alma hacia Dios. La calidad de la atención cuenta mucho en la calidad de la oración».

Por supuesto, cultivar la atención y la conciencia devotas no se da sin más mediante los estudios de geometría. Una de las comunidades de las que más aprendí sobre la oración durante nuestra investigación para nuestro artículo «How We Gather» fue la Sanctuaries, en Washington (Distrito de Columbia). Ahí, los artistas colaboraban en distintas disciplinas para crear experiencias y expresiones de su espiritualidad al servicio de la justicia social y la sanación. Los artistas de Sanctuaries han ayudado a proporcionar representación legal a refugiados mediante la serigrafía, han evitado el desplazamiento de residentes en viviendas públicas a través del hip-hop, y han movilizado a miles de personas para defender la justicia medioambiental, la igualdad racial y la dignidad de los desfavorecidos mediante las artes visuales y escénicas. Formada por gente de muchísimas identidades religiosas y raciales, y yendo siempre de un lado al otro de la ciudad para así no quedar encasillados como pertenecientes a una zona de la urbe, aglutinan colaboraciones improbables, como un músico clásico indio colaborando con un artista de hip-hop, un taller de joyería inspirado por textos judíos, y la palabra hablada combinada con la pintura en vivo en un evento Soul Slam.

Fundada en 2013 por un equipo capitaneado por Erik Martínez Resly, o simplemente Reverendo Erik, como se le conoce en la comunidad, Sanctuaries siempre ha entrelazado la espiritualidad, la justicia social y las artes creativas. «Ya disponemos de lenguaje en las artes que le habla a la vida del alma: encuentra tu corriente, empieza a divertirte y ve a por todas. Existe una sensación de que mi cuerpo está atrapado en un movimiento que es mayor que mí mismo. Me he entregado a un poder, una fuerza, una fuente de inspiración que puedo tocar o a la que puedo acceder, pero que nunca puedo controlar por completo. No es únicamente mía. Ése es el punto de partida para nosotros. Hemos visto que algunas de las mejores prácticas para hacer justicia se superponen con algunas de las mejores prácticas en la creación de arte y en la profundización de nuestra vida espiritual», explica el Reverendo Erik.

Lo que Sanctuaries nos enseña es que la oración puede ser movimiento, puede ser arte y puede ser creativa. «No estamos introduciendo en algo nuevo. Sin embargo, en medio de una sociedad que está acelerando y vendiéndonos cada vez más la ilusión del control, nos estamos tomando un momento para reducir la velocidad y darnos cuenta de aquello que no puede conseguirse de forma individualista». Los líderes de Sanctuaries, ya cosan, canten, rapeen o bailen, están generando entradas hacia una experiencia más profunda del mundo. Una y otra vez, explica Erik, es en el flujo creativo en el que entra la gente como los artistas dicen que conectan con la plenitud del mundo. «La gente tiende a hablar sobre su experiencia de una forma hermosamente misteriosa: el mismo momento en el que se siente conectada a algo más que a ella misma es cuando también se siente más verdaderamente auténtica con ella misma. "No se me ocurrió este poema, sino que llegó a mí desde otro lugar, pero es quien soy en lo más profundo de mi ser". ¡Es una paradoja! Nosotros somos nuestros yos más auténticos y, al mismo tiempo, no somos totalmente nosotros mismos».

Contrición

El segundo tipo de oración es la contrición. Aquí nos volvemos conscientes de las formas en las que nos hemos quedado cortos con respecto a quién queremos ser y cómo queremos comportarnos en el mundo. Nos hacemos preguntas como: ¿Qué he hecho que haya causado dolor o sufrimiento? ¿Qué he dejado sin hacer que haya podido servir a otros? ¿Para qué necesito perdón?

Es muy probable que ya practiques una forma de esto regularmente, ya sea cuando te olvidas de un cumpleaños o estás despierto obsesionándote con algo que dijiste ese día. Algunos días, toda una lista de completos fracasos me sale de carrerilla: fallarle a un amigo en el último minuto, ignorar las necesidades de alguien en la calle, tener demasiado miedo de decir lo que pienso en una situación en la que sabía que debería haberlo hecho…, y en otras ocasiones apenas puedo pensar en más de un fracaso (claramente, esto no tiene nada que ver con mis acciones reales, sino más bien con mi capacidad de sintonizar con la verdad). No es de sorprender que la contrición sea el menos placentero de los momentos de la oración. Todavía no he conocido a nadie a quien le guste verse enfrentado a sus carencias. Pero esto no consiste en verse reprendido o avergonzado por una voz moralista interior. Es el reconocimiento de que todos tenemos suficientes insuficiencias. Piensa en ello como en una oportunidad para ajustar tus velas mientras aceleras por el agua. Darnos cuenta de que nos estamos descarriando y hacer cambios ahora, lo mejor que podamos, nos ahorrará enormes esfuerzos más adelante, cuando hayamos avanzado mucho más en el mar. Algunos días, cuando me siento sobre mi almohadón para la meditación sintiéndome estridentemente honesto y enfadado, me encuentro con que cuando escucho a este conocimiento interior me veo enfrentado al hecho de que he cometido tantos errores como cualquier otra persona. La oración no siempre es satisfactoria. Frecuentemente, los momentos más valiosos de oración se dan cuando nuestras suposiciones predeterminadas se desmoronan y surge un nuevo conocimiento, aunque esto puede llevar tiempo. El erudito Mark Jordan nos recuerda que lo más importante no es cómo nos sintamos durante el tiempo de oración, sino lo que sucede después.

Pero esta oración de contrición también puede ser enormemente refrescante. ¡Por fin! Una oportunidad de ser honesto, atestiguada por el más allá, sobre lo que está sucediendo y enfrentarse a la forma en la que queremos aparecer en el mundo: más valientes y más libres.

Pero ¿cómo nos aseguramos de no quedar atascados en ciclos de vergüenza y agobio?: moviendo nuestro cuerpo juntos con las palabras que pronunciamos en voz alta. En nuestras convocatorias How We Gather, en las que reunimos a líderes de comunicación innovadores de todos los Estados Unidos, invitamos a participantes para que se dirigieran los unos a los otros en prácticas que formaran parte de su comunidad. En una de estas sesiones, Edina Lekovic, la antigua directora de participación de la comunidad para la Mezquita para Mujeres de Estados Unidos en Los Ángeles, nos dirigió en un ciclo de oración musulmana. Como muchos de nosotros no estábamos familiarizados con la lengua árabe, Edina había impreso una traducción y pudimos replicar a su árabe con nuestro inglés. La llamada y respuesta fueron evocadoras, pero lo que más me sorprendió fue el poder del movimiento en la oración. De pie, de rodillas, echándose hacia delante para posar nuestra frente sobre la alfombra. Poniéndose de pie de nuevo y volviendo a bajar, con las manos cerca de nuestra cara. Esto no debería habernos resultado sorprendente. Antes de que tomarse de las manos juntos al rezar se convirtiera en la norma, los cristianos se ponían de pie cuando rezaban, con los codos pegados a los lados del cuerpo y las manos estiradas hacia los lados, con las palmas hacia arriba. Los judíos habitualmente dan tres pasos hacia atrás y tres pasos hacia delante cuando inician la Amidah, que es la médula de toda liturgia. Muchas tradiciones de oración incluyen hacer una reverencia, balancearse o bailar. El Zohar, un texto judío místico, nos enseña que cuando pronunciamos palabras sagradas de oración, la luz de nuestra alma se enciende y nos balanceamos de un lado a otro como la llama de una vela.

Por lo tanto, mientras te tomas tiempo para la contrición, explora cómo podrías incorporar movimiento físico. Mi experiencia ha consistido en que en los días en los que hay, simplemente, demasiado que decir, sentarme arrodillado e inclinarme hacia delante, posando mi cabeza sobre el suelo, brinda su propia oración de contrición. Si nunca antes lo has probado, hazlo. Es maravillosamente liberador.

Puede que mi forma favorita de contrición no sea reflexionar solo, sino en compañía. Unirse a un pequeño grupo (o fundar uno) es una de las prácticas espirituales más poderosas con las que podemos comprometernos, porque un buen grupo pequeño es lo suficientemente cariñoso como para que nos sintamos apoyados y sostenidos, pero es lo suficientemente responsable como para no permitir que nos salgamos con la nuestra con tópicos y respuestas fáciles. Puede que reconozcas esto como un grupo de alianza, un reunión regular de un pequeño número de personas de la misma congregación, quizás entre tres y seis más o menos, que se reúnen para compartir lo que de verdad está sucediendo en su vida. No se trata simplemente de una reunión de amigos que se reúnen, sino más bien de un grupo comprometido de gente de confianza que viaja por la vida contigo. Lo mismo se aplica a cualquier tipo de pequeño grupo secular que crees: un grupo de lectura, por ejemplo, que hable sobre un libro concreto pero que en realidad hable sobre las cuestiones difíciles de la vida. Al compartir tus limitaciones de forma segura, te encontrarás con que estas personas te querrán y te harán responsable de tus acciones. No tienen por qué creer en las mismas cosas que tú, ni emplear el mismo lenguaje para describir sus prácticas espirituales. Ni siquiera tienen por qué ser tus amigos más íntimos, pero empezarán a importar enormemente.

He sido miembro de varios grupos pequeños, y en mi grupo con una trayectoria más larga me reunía cada mes con un budista, un episcopaliano, un católico y un «ninguno de los anteriores». Cuando empezamos, la mayoría nos conocíamos sólo vagamente. Todos nosotros estábamos buscando profundizar en nuestro compromiso con el elemento espiritual en nuestras vidas, y todos nosotros nos sentíamos atascados en las comunidades tradicionales de las que formábamos parte, si es que éste era el caso. Necesitábamos un lugar en el que pudiéramos hablar con franqueza y seguridad sobre lo que de verdad estaba sucediendo en nuestras vidas. Esto supone un alivio particular cuando eres responsable de otros y tienes que ser el «adulto responsable» en la mayoría de los grupos a los que perteneces.

Nuestra práctica era sencilla. Cada mes nos reuníamos en uno de nuestros apartamentos, pedíamos comida tailandesa (¡los rituales pueden ser deliciosos!) y pasábamos tiempo compartiendo el estado de nuestras almas.

Al principio lo llamábamos, en broma, nuestro Grupo de Confesión, porque ésta era la comunidad íntima con la que nos sentíamos completamente seguros para quitarnos las máscaras del éxito y el bienestar y ser brutalmente honestos. Uno por uno, cada uno de nosotros pasaba entre diez y quince minutos compartiendo algún aspecto de nuestra vida en el que estábamos teniendo dificultades: las finanzas, las relaciones de pareja, el resentimiento, las relaciones con nuestros progenitores, la ambición, nuestro cuerpo, la pena. Llegados a ese punto, somos conscientes del poder de la vulnerabilidad, pero raramente disponemos de un lugar en el que podamos explicar las verdades más feas sobre nosotros mismos y saber que, pese a ello, seguiremos siendo queridos intensamente. Después de compartir (usábamos un cronómetro para no salirnos del camino), los otros miembros del grupo planteaban preguntas, volvía a poner sobre la mesa patrones que habían percibido o, cuando se les invitaba a ello, ofrecían consejos basados en su propia experiencia.

Practicar la contrición en un grupo pequeño echa abajo la suposición común, cuando estamos por nuestra cuenta o en grandes grupos, de que nuestros problemas son mucho peores, más bochornosos o más inusuales que los de los demás. La inesperada alegría de un grupo pequeño de amor y responsabilidad es que aprendemos que los demás tienen problemas, igual que nosotros, y que la lista de asuntos en los que nos sentimos como unos fracasados no suele ser tan diferente a la de los demás. Incluso en los momentos en los que me vi desafiado a fijarme en algo desde una perspectiva distinta o se me hizo responsable de los valores que había dicho que eran importantes para mí, siempre me iba de la reunión agradecido, renovado y fortalecido. De cualquier experiencia similar, lo más cercano con lo que lo puedo compararlo es con salir del armario cuando era adolescente. El peso del dolor y la tristeza con el que había vivido durante dieciséis años empezó, de repente, a desmoronarse. En el secretismo inducido por mi sociedad, la vergüenza se había ocultado en la forma en la que vestía, caminaba y hablaba y con quién decidía pasar mi tiempo. Me asustaba ser honesto, porque estaba desesperado por no ser descubierto. Entonces, mientras empecé a explicárselo a personas de confianza, de repente este secreto perdió su poder sobre mí, y pude reconectar partes de mí mismo de las que había tenido que desconectarme. Un grupo de confesión seguro y cariñoso también tiene ese aspecto. Frecuentemente olvidaba lo mucho que necesitaba pasar tiempo en un grupo pequeño hasta después de que hubiésemos acabado.

Crear un grupo pequeño es más fácil de lo que puedas creer. He visto versiones de estas conversaciones honestas darse entre amigos que se reúnen cada domingo por la noche para hablar de béisbol y que se toman, cada año, un fin de semana antes del inicio de la temporada para unir fuerzas juntos; y entre un grupo de madres que se reúnen cada mes para desayunar. Suele ser de ayuda reunirse con gente ligeramente adyacente a tu vida cotidiana en lugar de que esté profundamente conectada a ella. Ésa es la razón por la cual hacer esto con desconocidos al principio puede ser tan eficaz. Las congregaciones seculares, como Sunday Assembly, han creado «grupeños» (su término humorístico para referirse a los grupos pequeños), y las formaciones para el liderazgo también suelen emplear grupos pequeños. Piensa en los programas para el crecimiento personal como el Landmark Forum o los pequeños grupos True North del profesor Bill George, de la Escuela de Negocios de la Universidad de Harvard, en los que la gente puede reunirse para tener discusiones en profundidad y compartir personalmente las cosas más importantes en su vida. El ejemplo definitivo de los pequeños grupos confesionales sigue siendo el de las comunidades de recuperación, como Alcohólicos Anónimos, en el que cualquiera puede unirse al grupo y compartir, de forma segura y en confianza, cómo están batallando o progresando en su viaje hacia la sobriedad.

El regalo que podemos hacernos los unos a los otros es nuestra presencia cariñosa y receptiva. Un grupo florece cuando no es invasivo ni evasivo. Discurre por la delicada línea del respaldo y la responsabilidad que, como es sabido, John Wesley, el fundador del movimiento metodista, describió como «cuidar los unos de los otros con cariño». Nos ayuda a vivir nuestra vida con integridad. Viajar con otros en la misma dirección general significa que no perdemos de vista nuestros valores, las cosas que sabemos que importan pero que a veces pueden desvanecerse entre las brillantes luces de los logros o los sumideros de la desesperación. En nuestros momentos bajos, los grupos pequeños pueden hacer que volvamos a remontar. Si estas personas, que conocen toda nuestra fealdad interior y pese a ello nos quieren, creen que podemos cambiar la situación y confían en nuestra voluntad para intentarlo, entonces quizás podamos hacer más, ser más de lo que esperamos de nosotros mismos.

En condiciones ideales, los grupos tienen un pequeño tamaño y un gran compromiso. Debéis ser capaces de confiar los unos en los otros. En mi propio grupo, nos comprometimos cada año a seguir durante doce meses más, proporcionándonos una salida si, al cabo de un tiempo, necesitábamos reevaluar lo que podíamos dar. El resultado no sólo es una mejor comprensión de nosotros mismos, sino una mejor sensación de lo que hay más allá de nosotros.

La contrición consiste en mirar hacia dentro, sí, pero también consiste en ver cómo tenemos un impacto en el contexto más general del universo.

Agradecimiento

Después de la introspección de la contrición llega el agradecimiento, en el que enumeramos a la gente y las cosas por las que estamos agradecidos. En mi propia práctica frecuentemente empiezo con el hecho de que estoy vivo. Recuerdo la amabilidad que se me ha mostrado durante el último día. Las oportunidades de aprender y ser de utilidad. Mi cuerpo. Gente concreta que aporta significado y alegría. Una de mis formas favoritas de dar las gracias es crear una cadena de gratitud, vinculando una cosa con otra. Por ejemplo, estar agradecido por la cena de ayer con amigos enlaza con la belleza de la vajilla, lo que me recuerda la celebración de mi familia sentados a nuestra mesa, lo que me recuerda al arte de mi abuela, y por todo ello estoy agradecido. Un oyente de *Harry Potter and the Sacred Text* nos dijo que inicia su cadena de gratitud diciendo: «No estoy en racha», lo que también supone un buen punto de inicio. Una vez que empiezo a listar cosas, surgen conexiones y recuerdos inesperados que endulzan el día y me hacen ser consciente de ese «algo más» que hay más allá de mí mismo. A veces complicamos las cosas en exceso, incluso la oración. El maestro Eckehart, gran místico medieval, nos aconsejaba que si todo lo que podemos decir es «Gracias», entonces hemos dicho suficiente.

Incluso a medida que las estadísticas muestran que la gente no está implicada en la religión organizada, seguimos manteniendo rituales que alimentan a nuestras almas. Llevar un diario es una forma maravillosa de practicar la oración de gratitud, y nunca ha habido más diarios y libros de notas de gratitud en las librerías. Puede que ya dispongas de una práctica de gratitud al final del día, enumerando tres cosas por las que estés agradecido, ya sea anotándolas o compartiéndolas con tu familia, sentado frente a la mesa, o con tu pareja antes de quedarte dormido. Me cuesta mantener esa práctica diaria, por lo que en lugar de eso saco mi diario durante un día de *sabbat* tecnológico e intento rellenar algunas páginas con reflexiones y recuerdos que me han aportado alegría. Además, como Brené Brown afirma en su libro *Desafiando la tierra salvaje*, la clave para la alegría es practicar la gratitud.

A veces la gente se preocupa porque la gratitud le parece egoísta o egocentrista, ya que hay otras personas que tienen muy poco. Brown argumenta lo contrario: «Cuando estás agradecido por lo que tienes, sé que comprendes la magnitud de lo que yo he perdido». Su investigación también reveló que «cuando renunciamos a nuestra propia alegría para hacer que aquéllos que sienten dolor se sientan menos solos o para hacer que nosotros nos sintamos menos culpables, nos vaciamos de lo que hace falta para sentirnos completamente vivos e impulsados por el propósito». Irónicamente, la gratitud no es sólo para ti mismo. Ser agradecidos nos ayuda, de hecho, a estar ahí para los demás.

No te sorprenderá que las investigaciones recientes sugieran que la gratitud también mejora nuestro bienestar mental. Numerosos estudios a lo largo de la última década han visto que la gente que es agradecida con lo que tiene tiende a ser más feliz y estar menos deprimida; pero es importante señalar los dos elementos clave de una práctica de gratitud.

Robert Emmons, profesor de psicología de la Universidad de California en Davis, explica en un ensayo para la revista del *Greater Good Science Center* que la gratitud es una afirmación de bondad: «Afirmamos que hay cosas buenas en el mundo, dones y beneficios que hemos recibido». La segunda y crucial parte de la práctica consiste en reconocer «las fuentes de esta bondad como algo externo a nosotros... Reconocemos que otras personas (o incluso poderes superiores, si tienes una mentalidad espiritual) nos dieron muchos dones, grandes y pequeños, para ayudarnos a alcanzar la bondad en nuestra vida».

Dar las gracias a esa fuente de bondad externa a nosotros (ya se trate de una persona concreta, de la suerte de una cierta oportunidad o de algo más profundamente espiritual) contribuye a reorientar nuestras vidas fuera de la narrativa cultural dominante de nuestros propios éxitos, deseos y ambiciones, y hacia una perspectiva más holística. «La gratitud no tiene que ver con cosas», explica la autora y erudita de la religión estadounidense Diana Butler Bass en su libro *Grateful*. «La gratitud es la respuesta emocional ante la sorpresa de tu propia existencia, al percibir esa luz interior y darte cuenta de los sorprendentes eventos sagrados, sociales y científicos que nos dieron la vida a cada uno de nosotros».

Las oraciones de agradecimiento, no obstante, no están destinadas a solucionar el desorden en nuestra vida. Bass escribe: «La gratitud no es una panacea psicológica o política, como un evangelio secular de prosperidad que niegue el dolor o ignore la injusticia, ya que estar agradecido no "arregla" nada. El dolor, el sufrimiento y la injusticia: estas cosas son, todas ellas, reales. No desaparecen». Lo que la gratitud hace, sin embargo, es disipar la idea de que esto es todo lo que la vida ofrece, de que la desesperación es la que triunfa. «La gratitud nos proporciona una nueva historia. Nos abre los ojos para ver que cada vida está, de formas únicas y dignas, bendecida: las vidas de los menesterosos, los marginados, los enfermos, los presos, los exiliados, los maltratados, los olvidados, además de las de aquellos que se encuentran en circunstancias físicas más cómodas. Tu vida. Mi vida. Todos compartimos el regalo definitivo: la vida misma. Juntos. En este preciso momento».

Una forma muy poderosa de entrar en esa preciosa conciencia consiste en practicar el *memento mori*, el recordatorio de que nosotros también moriremos. Versiones similares de esta práctica aparecen en la antigüedad clásica, en la cultura samurai japonesa, en el budismo tibetano y en el festival mexicano del Día de los Muertos. Esta práctica, que era enormemente popular en los inicios de la Europa moderna, enseñaba a la gente a desviar su atención de las cosas terrenales y, en lugar de eso, a elevar sus anhelos hacia lo eterno. Con una esperanza de vida mucho más corta y la amenaza de la peste siempre cerca, nuestros homólogos históricos se vieron enfrentados a la realidad de la muerte pronto y frecuentemente. Artistas como Frans Hals empezaron a introducir símbolos de la muerte en sus bodegones o escenas familiares: casi siempre hay una calavera escondida en una esquina o sobre un escritorio, por ejemplo. Una práctica del *memento mori* es como una lente de cámara que se aleja. Recordar que moriremos y enfrentarse a la realidad de que puede que sea hoy nos ayuda a ver nuestra vida con una mayor perspectiva. Los problemas a los que estamos prestando tanta atención y por los que nos estamos preocupando no desaparecen, pero sí que se difuminan en un fondo más amplio. Lo más probable es que todos hayamos practicado el *memento mori*, quizás sin ser conscientes de ello, cuando asistimos al funeral de un ser querido o pasamos al lado de una tumba. Frecuentemente lo sentimos con mayor intensidad cuando una persona joven fallece en un accidente, por ejemplo. Nos volvemos dolorosamente conscientes de la brevedad de la vida.

Para integrar esta práctica, encuentra un lugar en el que no te vayas a ver interrumpido durante un rato. Imagina que sólo te queda un año de vida. ¿Qué harías con el tiempo que te queda? ¿Pasar algo de tiempo leyendo o escribiendo en un diario? ¿Visualizar dónde podrías ir, con quién querrías hablar? ¿Qué dejarías de hacer? Ahora imagina que sólo te queda una semana. ¿Cómo decidirías pasar tus últimos días? ¿Cuál sería tu última comida? ¿Con quién estarías? Ahora imagina que ésta es tu última hora de vida. Y luego tu último minuto. Tu última respiración. Esta mismísima respiración que estás haciendo ahora.

Sin saberlo, había estado practicando algo muy similar cuando me estaba recuperando de un accidente grave en el que me fracture ambas piernas, una muñeca y sufrí una fractura doble en la columna vertebral. Mientras me caía del muelle en Escocia hacia las rocas, que estaban seis metros más abajo, recuerdo haber pensado: «Vaya. Así es como acaba todo». Había estado caminando por el muelle con unos amigos y había subido a un estrecho sendero, con el mar a mi derecha. Estábamos cantando canciones del musical *Grease*, y mientras gritaba con entusiasmo «¡shoobop sha wadda wadda yippity boom de boom!», di un salto hacia delante (o por lo menos lo que pensaba que era hacia delante); pero como estaba mirando hacia mi izquierda, había, de hecho, saltado por el borde, hacia la derecha, cayendo sobre las rocas con la marea baja. Incluso mientras tecleo esto, las manos me sudan más de una década después. Así, mientras me recuperaba lentamente, una vez que me retiraron las escayolas y puede girar los tobillos suavemente, empecé a decir cada mañana: «Podría morir hoy». Una vez que fui capaz de ducharme, empleé el hábito matinal de la limpieza para practicar este ritual. Dejaba que el agua caliente corriera por mi cuerpo mientras meditaba sobre la gente a la que quería y la posibilidad real de que ese podía ser mi último día vivo. «Podría morir hoy».

Había creado *un memento mori*: una reflexión sobre mi mortalidad.

Hay muchas formas de adaptar esta práctica. Mi amigo Darrell Jones III ha incorporado esto a su entrenamiento. Puedes descargarte una aplicación como WeCroak, que te envía cinco avisos diarios para recordarte tu muerte venidera. También puedes encontrar una frase corta que pronunciar en voz alta mientras te pones una crema hidratante o te maquillas cada mañana, o cada vez que te subas al coche. El secreto es repetirla frecuentemente, de forma que experimentes un momento regular de reflexión y gratitud por estar vivo.

Súplica

La etapa final es esta secuencia de oración es la súplica, en la que mantenemos conscientemente a alguien o algo en la presencia de lo divino. De las cuatro fases, ésta es la que más se aproxima a lo que siempre había pensado que era la oración: la lista de la compra sagrada de los deseos y las necesidades; pero, en realidad, supone una posibilidad de mantener a la gente a la que queremos en nuestra conciencia compasiva. Podemos crear una pequeña lista de personas a las que queremos desear lo mejor, o centrarnos en aquellos que puede que se sientan solos o estén enfermos o deprimidos; y, por supuesto, aquí es donde también podemos marcarnos intenciones para nosotros mismos. Me encanta seguir la práctica de meditación *metta* (amabilidad cariñosa) budista de Jack Kornfield, en la que repetimos tres intenciones una y otra vez. Empezamos con nosotros mismos, luego nos dirigimos a alguien a quien queremos, después a un desconocido y por último a alguien con quien estemos encontrándonos con dificultades:

> *Ojalá esté a salvo y libre de sufrimiento.*
> *Ojalá sea tan feliz y esté tan sano como sea posible.*
> *Ojalá me sienta cómodo en mi ser.*
>
> *Ojalá [ella] esté a salvo y libre de sufrimiento.*
> *Ojalá [ella] sea tan feliz y esté tan sana como sea posible.*
> *Ojalá [ella] se sienta cómoda en su ser.*

Repitiéndolas una y otra vez, generamos un ritmo en nuestras plegarias de súplica. Me he quedado sorprendido de que, algunos días, sea completamente posible estar enfadado y frustrado con alguien y, pese a ello, ser capaz de practicar este tipo de intención cariñosa para con él. La oración es como un taller para el alma. En ella logramos desenmarañar todos los obstáculos y nudos de la vida. Puede ablandar el resentimiento y dejar espacio para el perdón. Lo que quizás no cambiemos de forma mágica sea a otras personas o al mundo que hay ahí fuera, pero la oración sí que es cierto que nos cambia.

La súplica puede parecerse a un deseo intencionado de lo mejor, pero también puede ser, simplemente, el proceso mediante el cual le damos un empujón a las cosas de la vida con las que necesitamos ayuda. Evocamos en nuestra mente consciente los miedos que podamos tener, por ejemplo. A veces creo una lista en mi diario, intentando llenar toda la página para asegurarme de estar profundizando lo suficiente para eliminar toda la mugre que tengo en mi mente. «Temo que voy a suspender este examen. Temo que voy a engordar. Temo haber tomado una mala decisión por mudarme a la otra punta del mundo. Temo que no me querré por completo. Temo haber dicho algo que no debía a fulano». Y así sigo y sigo, anotando cualquier cosa que me acuda a la mente. Anotarlo o decirlo en voz alta parece aliviar el dolor de las cosas que me obsesionan. Ése es el poder de la oración suplicante. Genera un lugar para el miedo y, al mismo tiempo, coloca al miedo en su lugar. Nos permite decir lo que nos amedrenta sin permitir que nos agobie. Aparece una espaciosidad, una mayor perspectiva sobre nuestro sufrimiento.

Puede que nuestra línea temporal se alargue, considerando este momento en el contexto de una historia mucho más larga, o que nuestra perspectiva individual se amplíe de forma que tengamos en cuenta los intereses de otros seres vivos aparte de nosotros mismos. Pese a ello, la oración de listado de miedos a veces parecía incompleta. Mencionaba los miedos en voz alta en la ducha, con los temores mezclándose con el vapor y simplemente flotando por el cuarto de baño. Por lo tanto, y por capricho, empecé a cantar una canción que me habían enseñado mis hermanas, que tiene una letra muy sencilla:

Enciende la llama
para iluminar la oscuridad
y llévate todo el miedo.

¡Aquí tenía una forma de transformar los miedos! No es que sintiera que alguna deidad bajara en picado y despejara el camino, sino que se trataba de una forma sencilla de llevar un «discurso primario» a mi conciencia y luego ofrecer estas verdades en sacrificio con una pequeña canción. La repetía hasta que me sentía completo. No hace falta decir que esos problemas no se solucionaban mágicamente para cuando había acabado, pero mi relación con mis miedos era distinta. Estaba más calmado y era más compasivo conmigo mismo. El simple hecho de cantarme en este pequeño ritual me permitía recordar que, en último término, independientemente de las pruebas a las que me estuviese enfrentando, éstas también pasarían.

La profesora budista Zen y escritora Cheri Huber lleva esta práctica un paso más allá. Explica cómo puedes usar tu teléfono para grabarte mientras pronuncias en voz alta todos tus miedos, dolores e iras, describiendo todas las frustraciones que sientas en gran detalle. Entonces después de tomarte una pequeña pausa, escucha la grabación, como si escuchases los problemas de otra persona, y apórtales el tipo de compasión y amor que le ofrecerías a un amigo o a un desconocido. Después de escuchar con una actitud cariñosa, graba un mensaje amoroso para ti mismo con algunos buenos consejos y palabras de afecto. Entonces, después de otra pausa, escucha el segundo mensaje.

Puede que mi forma favorita de ofrecer plegarias de súplica sea mediante el arte de la bendición. Las bendiciones son raras para la mayoría de nosotros en la actualidad, y pese a ello, la vida humana antaño estuvo saturada de bendiciones. Puede que nos hubieran bendecido antes de salir de viaje, al principio de una comida, antes de casarnos o al empezar el *sabbat*. «Con el fin de la religión, mucha gente queda varada es un abismo de vacío y duda; sin rituales para reconocer, celebrar o acordar los umbrales vitales en la vida de la gente», escribe John O'Donohue en su libro *To Bless the Space Between Us*. «Aquí es donde necesitamos recuperar y reavivar nuestra capacidad para la bendición. Si nos acercamos a nuestros umbrales decisivos con reverencia y atención, cruzarlos nos aportará más de lo que nunca hubiéramos podido esperar. Aquí es donde la bendición invoca y despierta cada regalo que el atravesarlos pueda ofrecernos. Las transiciones se convierten en la forma en la que nuestras vidas encuentran un ritmo, profundidad y significado».

Inspirada por el ensayo de O'Donohue, la copresentadora de *podcasts* Vanessa Zoltan y yo hemos bendecido a un personaje de los libros de Harry Potter al principio de cada episodio desde que comenzamos en 2106. Por supuesto, la bendición es para un personaje literario de ficción, pero, sin embargo, ofrecemos una invitación a los oyentes a recibir también la bendición para sí mismos. Lo importante es que una bendición no borra lo que hace que la vida sea difícil, pero sí que alcanza las profundidades de nuestra vida para ahuyentar el fruto oculto del sufrimiento; y si no hay ningún fruto en absoluto, podemos, por lo menos, estar presentes en ese vacío. Mediante la bendición, podemos transformar una experiencia aislante o dolorosa en algo que por lo menos ya no esté solo.

Para bendecir no compartimos simplemente un pensamiento. La bendición tiene que ver con profundizar más y hablar desde el alma. Alcanzamos las profundidades de nuestro ser y hablamos desde la inalterable plenitud que siempre está en nuestro centro. El maestro Eckehart identificó ese lugar en nuestro interior como un sitio al que ni el tiempo ni el espacio pueden afectar. Lo llamaba, en alto alemán medio, «*vunklein*»: la pequeña chispa sencilla y divina que hay en nuestro interior. A veces, al bendecir, Vanessa y yo nos sorprendemos por a quién escogemos y cómo nos expresamos, porque, de algún modo, la bendición procede de más allá de nosotros tanto como procede de nuestro interior.

Una verdadera bendición afirma dos cosas. En primer lugar, nuestras bendiciones afirman nuestra plenitud inherente. Una bendición no consiste nunca en que nosotros nos desarrollemos ni en volvernos más santos e iluminados. Es el don de ayudarnos los unos a los otros a recordar nuestra sempiterna suficiencia; y en segundo lugar, nuestras bendiciones afirman nuestra interconectividad inherente. Una bendición es una práctica de «descubrir y expresar esas partes de nosotros mismos que comprenden, de forma innata, nuestra conectividad, tal y como explica el escritor David Spangler.

Ésta es la razón por la cual recibir una bendición no es falsa positividad ni ganas baratas de *hashtags* en Instagram. Las bendiciones no consisten en posar frente a una cámara con vistas al océano o puestas de sol en el cielo detrás de ti. Las bendiciones abarcan lo que es más difícil en nuestra vida. Mediante la práctica de la bendición honramos el dolor de la vida con dignidad y profundidad.

O'Donohue describe las bendiciones como «un círculo de luz vertida alrededor de una persona para proteger, sanar y fortalecer». A este respecto recurrió a la antigua práctica espiritual celta. Los celtas dibujaban un *caim* (un círculo) alrededor de sí mismos en momentos de peligro. Independientemente de que creyeran o no en los poderes mágicos, les recordaba que siempre estaban rodeados por lo divino, que el misterio de lo sagrado nos envuelve y se entreteje a través de nosotros dondequiera que estemos. Las bendiciones existen para recordarnos ese hecho. Si hemos quedado fuera de sintonía, una bendición u oración de súplica nos vuelve a hacer entrar en armonía. Ésa es la razón por la cual, para O'Donohue, una bendición tiene verdadero poder. Debemos ofrecerla con convicción porque «la belleza de la bendición es su creencia de que puede afectar a lo que se desarrolle».

La necesidad de comunidad

Permíteme ofrecer una pequeña advertencia aquí. De todas las experiencias de conexión, esta última (conectar con lo trascendente) es tanto la más mística como la más poderosa. Conoces a algunas personas que acabas de saber que tienen una profunda conexión con algo mayor. Irradian madurez espiritual. Sin embargo, como siempre, con un gran poder viene una gran responsabilidad. Es vital que no nos perdamos en estas prácticas de oración y conexión sagrada. Necesitamos a otros para mantenernos con los pies en la tierra, responsables y a salvo. Demasiados relatos de la historia nos hablan del fanatismo y de los ideólogos fervientes que puede que encontraran una forma hermosa y poderosa de involucrarse con lo sagrado, pero que se obsesionaron porque su camino fuese el *único* camino.

Ésta es la razón por la cual invitamos a nuestros oyentes a enviarnos mensajes de voz para el *podcast*. Escuchar otras perspectivas enriquece nuestra propia práctica sagrada porque mantiene nuestra interpretación fresca y nuestros pensamientos afilados. Podemos comprender más fácilmente distintos puntos de vista y rendir cuentas cuando interpretemos una palabra o una frase de una forma que hiera, inintencionadamente, a otros.

Una comunidad de compañeros practicantes no tiene por qué ser grande. Simplemente un puñado de compañeros en el viaje pueden abrir nuevas puertas y ampliar nuestra imaginación. Cuando nuestro compromiso mengua y nuestra convicción flaquea, una comunidad puede darnos el brío que necesitamos para seguir adelante. Como principiantes espirituales, estamos destinados a flaquear y a dar vueltas a lo largo de nuestro camino por nuestras prácticas sagradas; e incluso cuando encontramos un ritmo, nuevos e inesperados retos llamarán a nuestra puerta. Un comunidad como esta puede adoptar todo tipo de formas. Por supuesto, una congregación tradicional funciona para algunos, pero otros se reúnen con un grupo de amigos una vez al año para hablar de su vida espiritual. Puede que tengas un amigo con el que hables por teléfono una vez al mes, o un momento programado para salir a pasear con tu pareja y hablar de esto.

He aprendido que, en algún momento, encontrar a un maestro o director espiritual que pueda adaptar consejos para llevarte más lejos no sólo es necesario, sino un alivio. Aunque puede que ahora no los conozcas, hay guías que pueden ayudarte a abrirte camino por el espíritu humano. Hasta entonces, si alguna vez tienes alguna duda sobre cómo te estás implicando en una práctica sagrada, simplemente recuerda al gran teólogo africano Agustín de Hipona, que nos enseñó que si alguna vez nos dábamos cuenta de que nuestra conciencia nos estaba alejando del amor doble por lo divino y por nuestro prójimo, entonces no habíamos satisfecho el objetivo de la práctica.

Hacer que la oración sea algo tuyo

Nunca pensé que me describiría como alguien que reza. Puede que a ti te pase lo mismo, y pese a ello, usando este marco de adoración, contrición, agradecimiento y súplica he encontrado una forma de estructurar cómo puedo conectar con lo que es mayor que yo.

Puede que tengas tradiciones con las que creciste que puedas adaptar y reinterpretar, o puede que explores el mezclar elementos que traen a la vida a una práctica de oración de una forma completamente nueva. Me sorprendí mucho a mí mismo al encontrarme repitiendo una oración tradicional rodeado de las botas de nieve y las chaquetas de invierno del armario de mi antiguo hogar. La había aprendido en el internado en Inglaterra, y siempre me había sentido molesto por sabérmela de memoria. Es el Padrenuestro, un elemento central de la vida cristiana devota. Sus primeras palabras («Padre nuestro», el máximo lenguaje patriarcal para referirse a dios) tenían un sabor amago en mi boca. Seguramente, me dije a mí mismo, si dios es un misterio, tiene que haber un lenguaje que despierte a mi alma en lugar de aplanarla. Por lo tanto, recurriendo a mi amor por los bosques, encontré una baraja de tarot llena de imágenes ambientadas en bosques. Ahora, al iniciar mi tiempo de plegaria de adoración, saco una carta de la baraja, la pongo boca arriba y permito que la imagen de ese día encienda mi imaginación sobre el aspecto que tiene lo divino: un lobo, el Rey de Piedras, un pajarillo, la Sota de Flechas, o dos serpientes enredadas que simbolizan el equilibrio. Y así, inicio la más tradicional de las oraciones diciendo: «Lobo nuestro, que estás en los cielos» o «Equilibrio nuestro, que estás en los cielos». Lo que sea que los naipes ofrezcan expande mi imaginación sobre qué o quién puede ser dios ese día.

La oración puede enriquecerse de cien formas. Incluso el cómo organicemos nuestro espacio supone una oportunidad para la creatividad. Encender velas o incienso es una forma sencilla de establecer la pauta o, como hago yo, puedes echarte una manta sobre los hombros mientras inicias el momento de oración. Por supuesto, los chales de oración se usan en todo el mundo por una buena razón. Encarnan el abrazo de lo divino. Siempre que me echo por encima la manta púrpura de lana de yak que me regaló mi compañera peregrina Caroline, siento calidez, calma y consuelo, como si pudiera esconderme en su interior y, pese a ello, verme animado por ella al mismo tiempo. No hay nada inherentemente especial en la manta en sí misma, pero al igual que un texto sagrado, si regreso a ella y me la pongo una y otra vez, queda imbuida de significado y memoria. Otros puede que besen su diario, al igual que se besa el rollo de la Torá, o simplemente levantan el bolígrafo y dicen: «Permíteme escribir con verdad y amor», antes de empezar a escribir en su diario. Independientemente de lo que hagas, si te ayuda a poner tu atención en este momento de reflexión, entonces es valioso y vale la pena ritualizarlo.

Si, después de todo esto, la oración sigue pareciéndote una imposibilidad, algo demasiado extraño o religioso de algún modo, simplemente empieza con esto: háblate a ti mismo. Emplea estas cuatro etapas como apuntes para hablar de tu vida, de lo que has hecho y de lo que no has logrado hacer. Habla sobre quién eres y en quién quieres convertirte, y en quiénes son las personas a las que quieres (y a las que no quieres también). Habla sore lo que más importa, incluso (y especialmente) si sabes que nadie te está escuchando, excepto tú mismo; porque a no ser que seamos honestos, a no ser que digamos la verdad, olvidaremos aquello a lo que queremos seguir siendo fieles.

Tenemos todo lo que necesitamos para empezar a introducir esta práctica en nuestra vida o para enriquecer rituales ya existentes: los hábitos cotidianos a los que podemos añadir algunas palabras. ¿Qué podemos decirnos mientras nos ponemos nuestra crema hidratante matinal o nos metemos en el coche? Éstos son los micromomentos en los que podemos regresar a nuestro corazón y aferrarnos a él. Walter Burghardt, el famoso teólogo jesuita, definió la oración contemplativa como, simplemente, «una larga y cariñosa mirada a lo real». Cuando podemos estar presentes en la realidad, cuando podemos hablar con esa forma de discurso primario, nos convertimos en la versión más plena de nosotros mismos. Esto tiene un valor supremo para el mundo. Menudo regalo es para aquellos que tenemos a nuestro alrededor que podamos vivir nuestra vida más plena. Las decisiones que tomamos, cómo empleamos nuestro tiempo y dinero, cómo nos implicamos en la política: todo ello se ve enriquecido cuando podemos echar una mirada larga y cariñosa a lo real.

Si llevar un diario no es lo que mejor te va, puedes bailar o cantar tus oraciones, u hornearlas o pintarlas. Dedica todo tu cariño a esto, o toma un carboncillo y un papel y dale forma a la ira y la tristeza que flotan sobre ti. Todo lo que importa es que emplees estas prácticas personificadas para conectar con la verdad que se está dando dentro de ti. Empieza a crear una lista de la gente a la que quieres y a la que deseas conservar en tu corazón. Toma notas en tu diario de gratitud y lleva a cabo Morning Pages (tres páginas escritas a mano, a primera hora por la mañana). Anota las cosas nuevas que suceden en tu vida. Reconoce las cargas que sientes, las fuerzas que no puedes controlar. Pregunta de qué estás asustado, los puntos en los que te sientes atascado o alegre o una chispa de curiosidad.

Recuerda que no necesitas comprar nada nuevo ni cambiar la forma en la que llevas tu diario. Simplemente date cuenta: ¿te sientas frecuentemente en una silla concreta o preparas té antes de empezar? ¿Hay un cojín o colcha sobre el que poses el brazo con el que escribes? Puedes hacer que cada una de estas cosas sean sagradas dándoles una bendición o un beso. Piensa en Marie Kondo, la organizadora del hogar, que ha revelado la espiritualidad del orden: sostén el objeto cerca de tu pecho, cierra los ojos y ofrécele tu sentido agradecimiento. Cada momento puede ser un momento de conexión sagrada, una oportunidad para una oración a escondidas.

Capítulo 5

YA CONECTADO

Espero que este libro te haya ayudado a ver dos cosas. En primer lugar, que ya dispones de un montón de rituales que podríamos llamar practicas espirituales (incluso aunque nunca hayas usado ese lenguaje). Leer, caminar, comer, descansar, reflexionar: estas opciones son legítimas y dignas de nuestra atención y cuidado, y pueden ser la base de una vida de conexión profunda. En segundo lugar, espero que te sientas empoderado para transformar las tradiciones antiguas para enriquecer esas prácticas modernas y que sientas el permiso para ser creativo en la combinación de lo antiguo y lo emergente.[1]

Vivimos en una época en las que muchos de nosotros nos hemos visto empujados más allá de nuestros límites para trabajar más duro, rendir mejor, ganar más, hacer más y ser más; en la que estamos más medicados y deprimidos, y más ansiosos y solos que nunca. Las generaciones más jóvenes están ahogadas en las deudas, las generaciones mayores tienen dificultades para jubilarse cuando lo desean, y vivimos en medio de las mayores disparidades en términos de riqueza en toda la historia de Estados Unidos y el aplastante peso de la supremacía blanca. Todo este tiempo, la vertiginosa velocidad del cambio ocasionada por Internet y el capitalismo de consumo está remodelando todo el paisaje espiritual y comunitario. Casi toda la gente a la que conozco siente como si se estuviera quedando corta en algún estándar prede-

---

1. Estoy en deuda con Alan Webb, Sarah Bradley, y el proyecto Alt*Div por esta frase.

finido que está completamente fuera de alcance, por lo que nuestro estado, prácticamente constante, de sentir que no somos lo suficientemente buenos frustra nuestro disfrute de los momentos que podrían y deberían ser importantes. Estas desigualdades estructurales nos roban, literalmente, nuestra alegría.

Esto no durará. No puede hacerlo. Mucha gente está descubriendo la trampa hacia la que la han dirigido. La gente está cerrando sus cuentas de Facebook, desarrollando nuevas soluciones para dirigir su propio aprendizaje y cambiando las estructuras de la propiedad de vivienda para vivir de forma cooperativa. En medio de estos cambios definitorios de una era, las antiguas respuestas, rituales y estructuras que nos ayudaron a encontrar sentido y conexión ya no les dicen nada a nuestra experiencia vivida.

En medio de esto, muchos de nosotros estamos desenmarañando y remezclando nuestra vida espiritual y recreando prácticas que nos ayudan a conectar con nosotros mismos, los unos con los otros, con la naturaleza y con lo trascendente. No siempre es fácil, pero hemos heredado grandes tradiciones de nuestros antepasados espirituales, de modo que lo que leemos, con quién comemos, cómo viajamos y cuándo nos tomamos tiempo para reflexionar tienen todos ellos, el potencial de transformarse en un momento sagrado de conexión, al igual que sacar a pasear al perro, ir a nadar, entrar en la ducha, conducir hacia el trabajo y cocinar la cena. Aunque podemos inventar por entero nuevas historias y estructuras y nuevas costumbres que seguir, hay unas ricas capas de significado que destapar cuando regresamos a las tradiciones y las redefinimos para nuestros propios contextos. Al recurrir a estas prácticas con las que fuimos educados o que nos han sido enseñadas, tenemos permiso para afirmar que nuestra personificación de ellas es genuina, honorable y digna.

Una Regla de Vida

¿Qué hacemos un vez que hemos identificado formas de profundizar nuestra conexión con cada una de las cuatro capas? ¿Cómo podemos mantenerlas unidas (incluso aunque estemos recurriendo a distintas fuentes e inspiraciones en nuestra vida)? El crecimiento espiritual no depende de hacer *más* de lo que el alma ya está haciendo probablemente, sino de hacer las mismas cosas con un diseño, en lugar de en desorden. Así pues, hay una última herramienta que compartir: una que me estoy dando cuenta de que la gente recrea, inadvertidamente, de multitud de formas (las tarjetas de reflexión de Holstee, las hojas de seguimiento del trabajo de Gretchen Rubin, la colección de libros School of life de Alain de Botton, los Monk Manuals [una agende de noventa días diseñada para aportar la sabiduría atemporal de la vida monástica a tu vida cotidiana], la lista de verificación de un amigo en la pared de su habitación para mantener un registro de sus prácticas y compromisos). Ésta es la práctica monástica de una Regla de Vida.

Una Regla de Vida es una forma de centrar nuestro compromiso con una forma de ser y los rituales y las prácticas que nos ayudan a vivir nuestra vida de esta forma. Practicada por las comunidades monásticas desde los siglos III y IV, se trata de una forma de mantener un ritmo constante a medida que avanzamos por nuestra vida. La palabra «regla» tiene poco que ver con conductas que estén permitidas o prohibidas. En lugar de ello, se apoya en el significado, en latín, de su raíz, *regula*: regular o guiar. Por lo tanto, puedes pensar en esto como en un patrón de vida, si eso te hace sentir mejor. En la tradición judía, el movimiento *musar* tiene un foco similar en cuanto a ofrecer una estructura para ayudarnos a convertirnos en las personas que queremos ser.

La idea es que podemos generar un ritmo de vida que nos sostenga a lo largo de nuestra existencia. Generalmente practicadas por comunidades, en la actualidad cada vez más de nosotros estamos creando nuestras propias Reglas de Vida, aunque, por supuesto, podemos vivirlas en parejas o grupos numerosos. En su mejor versión, las Reglas de Vida nos proporcionan una forma de unir los valores y las intenciones que tenemos y las prácticas que nos ayudan a vivir esas intenciones. En otras palabras, los rituales que hemos explorado a lo largo de este libro tienen sentido para algo (bueno, para alguien) y una Regla de Vida nos ayuda a estructurar ese proceso.

Tradicionalmente, una Regla de Vida comunitaria puede tener más de treinta principios o prácticas distintos. Juntas, todas esas mininormas constituyen toda la Regla de Vida. Estas normas individuales pueden cubrir cómo rezan, comen, trabajan y viven juntos los monjes, por ejemplo. Cada mañana, las comunidades monásticas se reunían y leían en voz alta una única regla del texto compartido que constituía la Regla de Vida. A hacerlo, daban buena cuenta de toda su Regla de Vida en el transcurso de un mes, más o menos. Leer juntos en voz alta plantaba la semilla para centrarse en la regla particular del día. Por ejemplo, la regla número cuarenta y ocho de san Benito empieza diciendo: «La ociosidad es el enemigo del alma. Por lo tanto los hermanos [monjes] deberían çestar ocupados en momentos fijados en labores manuales, y de nuevo, en otros momentos fijados, en la lectura divina». Hay cientos de comunidades distintas con distintas reglas. La Regla de san Benito es la más conocida, pero hay muchas otras: las Reglas de san Francisco y de santa Clara, o las muchas reglas más nuevas redactadas en los siglos posteriores a estos primeros líderes espirituales. Frecuentemente articulan un valor y luego ilustran cómo puede vivirse ese valor.

Estructurar tu propia Norma de Vida llevará un poco de tiempo y algo de consideración, pero es completamente factible. En primer lugar, piensa en un cierto número de virtudes o intenciones que quieras vivir. Podrían ser tan sólo dos o tres o hasta treinta. Cuando estructuro las mías, decido escribir una regla para cada una de las cuatro conexiones que aparecen en este libro: para mi yo interior, para los demás, para la naturaleza y para lo trascendente.

Después escribe, para cada asunto, unas notas y empieza a redactar algunas líneas o hasta media página de texto. Para empezar puedes recurrir al libro *Note to Self: Creating Your Guide to a More Spiritual Life*, de Charles LaFond, o al pequeño cuaderno de ejercicios titulado *Living Intentionally: A Workbook for Creating a Personal Rule of Life*, del Hermano David Vryhof.

Yo empecé escribiendo una regla que me ayudara a conectar conmigo mismo. Sabiendo que tiendo a trabajar en exceso y huir hacia la bandeja de entrada de mi correo electrónico cuando la vida se pone difícil (porque entonces, por lo menos estoy tratando con algo en lo que puedo, tangiblemente, tener éxito), sé que el tiempo de descanso y de ocio son vitales para mi bienestar. Empecé a practicar mis días de *sabbat* tecnológico en 2014, y ha sido mi disciplina espiritual más importante. No obstante, la práctica se esfuma cuando estoy viajando y lejos de casa, cuando súbitamente tengo una fecha de entrega importante o cuando hay un partido de fútbol decisivo del Leeds United en la televisión. Necesito una Estrella Polar, algo que me recuerde por qué inicié la práctica, por qué es importante para mí seguir llevándome de vuelta a lo que de verdad importa. Por lo tanto, hice el intento de escribirlo.

El descanso es necesario.

Sin él, las cosas placenteras se convierten en tareas rutinarias y pesadas. Hago caso omiso a las prioridades y caigo en patrones de conducta destructiva. El descanso es una responsabilidad: para con el trabajo que me importa y para con la gente que se fija en mí en cuestiones de liderazgo.

Querré revisar un último email. Marcar en una lista de tareas realizadas una última acción.

Si surge un compromiso ineludible (una boda, un funeral, cualquier otro momento importante de la vida) durante un sabbat, *programaré un día alternativo de descanso.*

No viajaré durante un día de descanso. Me quedaré en casa o en un lugar sosegado un viernes por la noche.

Sabré si honro esta Regla cuando renuncie a oportunidades placenteras e incluso lucrativas para mantener mi sabbat.

Apagaré mi teléfono móvil y mi ordenador portátil el viernes al atardecer y no volveré a encenderlos hasta el sábado al anochecer. Éste es un ritmo sagrado para volver a entrar en el patrón regular de nuestro planeta vivo.

El sabbat *no es un lujo. ¿Quién soy yo para rechazarlo?*

El sabbat *incuba y da rienda suelta a mis ideas más creativas y es el lugar en el que nacen hermosos proyectos y deseos: no porque los fuerce, sino porque puedo recibirlos.*

Durante el período del sabbat *puedo deponer mi naturaleza avariciosa y disfrutar de cada respiración. Canto. Dibujo. Escribo. Duermo. Paseo. Como. Hablo. Escucho. Estoy en silencio. Medito. Enciendo una vela.*

Las tentaciones no hará sino aumentar si doy un paso en falso. Entonces, infaliblemente, me enfrentaré a una crisis mientras empiezo a agotarme. El sabbat *está aquí para ayudar.*

Por supuesto, no logro cumplir mi *sabbat* tecnológico todas las veces. No necesitaríamos una norma si fuese fácil; pero releer esto regularmente me ayuda a conectar con la fortaleza de mi intención. Me recuerda lo que se siente al vivir de acuerdo con mis compromisos, cuando dispongo de tiempo para cantarme a mí mismo, para mirar por la ventana y permitir que surjan nuevas ideas, o para pensar en otros que puede que agradezcan que se contacte con ellos. Si puedo maniobrar elegantemente para superar los baches inesperados en la vida, puedes estar seguro de que he estado respetando mi *sabbat* tecnológico. Cuando estoy malhumorado y cansado, sintiéndome resentido y aislado, probablemente haya estado trabajando en exceso o ciñéndome a mi práctica.

Es de utilidad pensar en vivir una regla durante un tiempo determinado. Puedes empezar con un mes o una época concreta. Si te sientes confiado, puedes comprometerte a vivirla durante un año, pero no deberías esperar cambios enormes en períodos relativamente cortos. Tal y como nos recuerda el rabino Simcha Zissel Ziv (el anciano de Kelm), en el libro de Alan Morini *Everyday holiness*, la transformación del corazón humano es «el trabajo de toda una vida, y por eso te han dado toda una vida para llevarlo a cabo».

Mientras empiezas a ponerte a escribir, pídele a alguien que eche una ojeada a lo que has escrito antes de comprometerte a vivir de acuerdo con tus intenciones. Me he encontrado compartiendo mi regla con por lo menos una persona sabia en la que confío para que me hiciera saber si había algo que había escrito que le preocupara. Esta práctica te ayudará a evitar caer en la misma trampa en la que te reprendes por no estar a la altura de lo que quieres ser. Conectar con alguien que tenga algo de experiencia acompañando a la gente mientras profundiza en sus prácticas espirituales, como un director espiritual o un anciano, puede suponer una forma fantástica de encontrar apoyo.

Mientras lees este libro, has estado pensando en prácticas que ya llevas a cabo o has imaginado formas en las que podrías integrar la sabiduría antigua en los hábitos cotidianos. Una Regla de Vida puede ayudarte a integrar todo eso. En una era de desconexión ésta puede ser tu mochila personal de conexión. Una Regla de Vida puede reflejarte las palabras que abren tu corazón y elevan tu espíritu, recordándote tu conexión inherente contigo mismo, otras personas, la naturaleza y el gran misterio que supone estar vivo.

Una práctica no es una práctica si no hay un compromiso

Llegados a este punto, ya no podemos zafarnos de la frustrante realidad de que para profundizar un hábito (tanto si consiste en darse un descanso de la tecnología como decidir comer juntos) debemos comprometernos con algún grado de rigor. Una práctica espiritual debería parecerse más a un entrenamiento que a salir de compras o tener una cita en un balneario de lujo. Al embarcarte en una práctica (ya sea el baloncesto o la poesía), su eficacia para conectarnos con lo que importa depende de nuestra responsabilidad. Lamentablemente, eso significa que practicar sólo cuando nos apetezca hará fracasar el objetivo porque las ocasiones en las que menos queramos sentarnos sobre el almohadón de meditación o tomar un bolígrafo serán exactamente las ocasiones en las que más lo necesitemos. El Dalai Lama explica, como todo el mundo sabe, que aunque él suele meditar durante una hora al día, en los días especialmente ocupados se asegura de meditar durante dos horas.

Seamos claros: esto es difícil. Soy conocido en mi familia por empezar cosas pero no acabarlas. Pese a ello, con las disciplinas espirituales los resultados llevan tiempo. No hay ceremonias de entrega de medallas ni distinciones para aquellos que sobresalen. Ciertamente, las personas más espiritualmente maduras que he conocido son las menos conocidas.

Para prepararte para el éxito, he visto que marcarte un compromiso limitado en el tiempo supone un primer paso útil. Si sé que me voy a comprometer durante ocho semanas, o siete días, o veinte minutos, eso me ayuda a superar los momentos más duros de la práctica. Como principiante espiritual, he encontrado positivo y de apoyo leer a Gretchen Rubin explicar en su libro *Objetivo: Felicidad: de cuando pasé un año de mi vida cantando alegres melodías, ordenando los armarios, leyendo a Aristóteles y, en general, preocupándome menos y divirtiéndome más* que de todos los trucos nuevos que ha probado para ayudarle a llevar una vida más feliz, colgar una lista de compromisos diarios en la pared e ir marcándolos a medida que los completaba era el más poderoso. Hacer esto no es motivo de vergüenza. Los novicios (los nuevos monjes o monjas) que entran a un monasterio reconocerían este tipo de disciplina y de rastreo de datos. Así es, sencillamente, cómo debemos empezar.

En los momentos difíciles, cuando estemos intentando ceñirnos a una práctica (digamos meditar o intentando enviar ondas de amor y compasión a un desconocido en el autobús cada mañana), piensa en esta práctica como en una vieja amiga. A veces, las horas pasadas juntos son estimulantes e inspiradoras. No sentimos comprendidos, cuidados y vistos; pero en otras ocasiones, pasar el rato puede parecer aburrido. Puede que estemos cansados o que hayamos tenido un mal día. Un verdadero viejo amigo estará a nuestro lado incluso durante los malos momentos, cuando nuestra conexión no parezca enriquecedora o fructífera; pero como nos preocupamos el uno por el otro y sabemos que llegará un momento en el futuro en el que placer del acompañamiento continuado a lo largo de la vida eclipsará a los momentos tristes, nos mantenemos comprometidos el uno con el otro.

Y como explorar nuevos rituales e inventar tradiciones puede ser divertido y creativo, son las prácticas más antiguas y frecuentemente repetidas las que al final tienen más significado. En un mundo en el que somos constantemente tratados como clientes en lugar de como ciudadanos, en el que la única forma en la que se nos invita a implicarnos en el mundo es comprando algo, deberíamos mostrarnos recelosos de ir siempre detrás de la última moda. En lugar de actuar como turistas espirituales, apartando a un lado la espumosa diversión de la superficie, bebamos más a fondo y disfrutemos con los placeres ocultos de la verdadera nutrición que hay debajo. Al igual que sucede con un cóctel, lo bueno está en el fondo.

Esto no significa que no podamos tener experiencias hermosas y trascedentes únicas. Estos momentos son preciosos, pero no constituyen una práctica. Una práctica debe repetirse a lo largo del tiempo. Frecuentemente, cuando empezamos algo nuevo, experimentamos las alegrías de la novedad. Puede que tengamos la suerte del principiante o que simplemente disfrutemos hablándoles a los demás sobre esta cosa que estamos probando. Sea como fuere, no te sorprendas cuando, en algún momento, la práctica empiece a perder su lustre inicial. Repetir una práctica una y otra vez requiere de disciplina interior, especialmente cuando las cosas se ponen feas o estamos cansados y no nos apetece. Así pues, aguanta. Después de todo, nos convertimos en lo que practicamos.

Después de haber grabado más de doscientos episodios de *Harry Potter and the Sacred Text*, he quedado sorprendido por el verdadero placer de ceñirme a algo durante tanto tiempo. A pesar de que regresamos a la misma historia, con los mismos personajes, con las mismas prácticas cada semana, sigue habiendo nuevos descubrimientos que hacer. Muchos oyentes nos han escrito diciendo que nunca habían pensado que hubiera nuevos puntos de vista con respecto al mundo de la hechicería que no hubieran descubierto ni comentado después de incontables relecturas e hilos en Tumblr; pero como nuestras vidas constantemente cambiantes siguen viéndose reflejadas en el texto, siempre hay nuevas ideas que tienen que revelarse. Ciertas palabras o frases que hemos estudiado detenidamente están ahora rebosantes de significado. Releerlas me recuerda mi amistad con Vanessa en momentos concretos, evocando recuerdos sobre quién era yo y conectándolo con la persona en la que me he convertido. Así que, independientemente de en qué se conviertan tus prácticas de conexión, una vez que encuentres algo que te haga sentir bien, cíñete a ello. Es la forma más segura de avanzar.

Las tensiones, las ambigüedades y los misterios

En varios sentidos, nuestro conocimiento de la «religión» a los largo de los últimos siglos es una anomalía. Como Occidente ha quedado profundamente marcado por una visión cristiana protestante, asumimos que la religión tiene completamente que ver con lo que crees. Eso, por supuesto, forma parte de ello, pero la mayor parte del resto del mundo (y, ciertamente, la mayor parte de la historia) apunta hacia una forma distinta de pensar en la religión: que consiste en aquello que practicas.

La clasicista Sally Humphreys ha escrito mucho sobre la religión en la antigua Grecia, por ejemplo. Argumenta que los griegos no pensaban en sí mismos como poseedores de una religión *per se*. Honraban a dioses concretos del Monte Olimpo, pero también a las ninfas de los ríos y a ideas abstractas como la Sabiduría y la Victoria. Invocaban a estos grandes poderes a través de una serie de prácticas, incluyendo sacrificios de sangre, ofreciendo libaciones y consultando a los oráculos. Rezaban, se maldecían y se bendecían los unos a los otros. Cuando una guerra o un negocio hacían que los griegos iniciaran una relación con otras naciones o culturas, simplemente incluían a esos nuevos dioses en su propio mundo sagrado. Ralph Anderson explica en *The Oxford Handbook of Ancient Greek Religion* que los dioses adorados por los griegos procedían de Tracia, Egipto, Siria y Frigia, entre otros lugares. Esta multitud de dioses nunca se comprendió como un retablo celestial unificado. Sencillamente no existía lo que los eruditos llaman una teología sistemática: una base completa y lógica sobre cómo todo encaja junto.

Y francamente, creo que esa es la forma en la que la mayoría de la gente vive actualmente su vida, religiosa o no. La mayoría de nosotros estamos hechos de una mezcla de asunciones culturales, tradiciones de la niñez, experiencias cumbre preocupaciones y vergüenzas profundas, esperanzas y deseos secretos, intuiciones inexplicadas e ideas radicalmente maravillosas. Podemos pensar una cosa por la mañana y otra distinta por la tarde, y quién sabe qué pensamos a las tres de la madrugada al recibir una llamada inesperada de urgencias. Al igual que los antiguos griegos, no tenemos todas las respuestas del por qué llevamos a cabo ciertas prácticas. Accede a cualquier congregación y pregunta a sus miembros por qué llevan a cabo un ritual compartido y obtendrás tantas respuestas como personas responden, y probablemente más. La espiritualidad y la religión siempre lidian con las tensiones, las ambigüedades y los misterios. Hasta un cierto grado, eso es para lo que están.

Mientras estaba estudiando para convertirse en ministra de la Iglesia, mi maestra Stephanie Paulsell le sugirió a su mentor que no estaba preparada para celebrar la Eucaristía, el ritual más importante del cristianismo. «Todavía no sé lo que significa de verdad», le explicó. Su mentor sonrió y le contestó: «Stephanie, no comemos el pan y bebemos el vino porque sepamos lo que eso significa. Lo hacemos porque estamos aprendiendo qué significa». En lo más profundo de su ser, los rituales como la Eucaristía nos ayudan a vivir en una gran paradoja: una que ha aparecido por todo este libro y que todavía no hemos nombrado, pero ha llegado el momento.

Desarrollar, crecer y recordar

Al vivir nuestro anhelo marcándonos intenciones e implicándonos en nuestras prácticas de conexión profunda, puede parecernos como si se tratase de otro ítem de la lista de cosas que hacer. Incluso el lenguaje que empleamos parece respaldar esa idea. Por ejemplo, hablamos frecuentemente de «desarrollar una comunidad» o «establecer conexiones». Suena a trabajo, y en cierta forma esto tiene sentido. Hace falta un verdadero esfuerzo para generar las condiciones en las que nos sentimos conectados, especialmente en la actualidad, cuando tantos de nosotros nos sentimos aislados los unos de los otros y del mundo que tenemos a nuestro alrededor. Desarrollar una comunidad y establecer conexiones sugieren la necesidad de trabajo duro, habilidades especializadas y herramientas de planificación; pero fomentar un estilo de vida que reconozca al alma, que deje espacio para la conexión y que sane el aislamiento puede reformularse para que consista menos en trabajo y más en un crecimiento orgánico.

Aprendí esta idea en el contexto de la «comunidad creciente», un término que tomé de mi colega Angie Thurston cuando iniciamos la investigación para nuestro artículo «How We Gather». Saber que las relaciones de todo tipo interactúan más como ecosistemas naturales que como máquinas es de utilidad para fijarse en las metáforas basadas en la naturaleza para comprender cómo la conexión humana se vuelve más profunda. Pese a ello, va más allá de hacer crecer una comunidad, ya que se aplica a cada uno de los cuatro niveles de conexión que aparecen en este libro. No fabricamos la conexión: ésta crece, como un árbol, con el tiempo. Aunque hemos intentado mecanizar los procesos de reflexión y conocer a gente con multitud de aplicaciones (piensa en el *speed-dating* y en las aplicaciones para la meditación con incentivos ludificados), éstos casi siempre parecen forzados, como las rosas en invierno. Cómo conectemos con nosotros mismos, los unos con los otros, con el mundo que nos rodea y con lo divino pasa por etapas, al igual que el ritmo de la Tierra. A veces hay una desoladora insensibilidad con respecto a cómo nos sentimos en lo tocante a nuestra conectividad. A veces parece que estamos pasando mucho tiempo plantando semillas y que apenas hay recompensas floreciendo todavía. En otras ocasiones nos vemos sobrepasados por la prodigalidad del amor y la alegría que experimentamos, como un huerto de árboles frutales repleto de fruta estival. Al igual que la tierra, nosotros también plantaremos, cosecharemos y estaremos en barbecho de vez en cuando.

Pero lo que resulta todavía más sorprendente que la metáfora del crecimiento es la forma en la que John O'Donohue nos invita a pensar en la conexión. En una conversación con la maestra budista Sharon Salzberg grabada en 1998, explicó: «No puedo creer en nada de todo este asunto de crear una comunidad. Pienso que todo el proyecto de intentar desarrollar una comunidad es inapropiado. Pienso que una comunidad *es*. Está ontológicamente aquí. Por lo tanto, el proyecto consiste más en el despertar». Para él, la conexión es recordada, o revelada, porque ya estamos «peligrosamente implicados los unos con los otros de una forma increíblemente íntima pero inadvertida». Eso es lo que significa ser humano. La conexión simplemente es. Cada uno de nosotros estamos conectados con todas las otras cosas.

Esta verdad esencial aparece escrita por doquier en nuestro trabajo «How We Gather». Si esa investigación demostró alguna cosa es que la conexión no está anticuada ni perdida: está sucediendo a nuestro alrededor y entre nosotros. Muchos de los líderes más efectivos que llegamos a conocer a través de nuestra investigación habían sido criados en comunidades dinámicas. Muchos eran hijos de ministros de la Iglesia, rabinos y directores de campamentos estivales. La experiencia de vivir en una comunidad había penetrado hasta lo más profundo de su ser, y sus expresiones contemporáneas de una comunidad fueron generadas recordando cómo era sentirse profundamente conectado.

Para O'Donohue, la conexión consiste en amar el despertar en nuestras vidas. «En la noche del corazón, es como el amanecer produciéndose en ti. Donde antes había anonimidad, ahora hay intimidad;

donde antes había miedo, ahora hay valentía», escribe en su obra clásica *Anam Cara: El libro de la sabiduría celta*. Todos necesitamos que nos recuerden, frecuentemente varias veces al día, que somos inherentemente dignos de esos vínculos profundos y sagrados y que, independientemente de lo que hagamos, estamos intrínsecamente conectados.

Y pese a ello hay días, y a veces semanas y meses, en los que eso parece falso. En esas ocasiones, todo lo que podemos sentir es nuestra soledad: no sólo con respecto a otras personas, sino también una profunda distancia con respecto a nosotros mismos o una ausencia del mayor sentido y propósito que puede que sintamos en otras ocasiones. Tal y como escribió el teólogo Paul Tillich, «¡La existencia es separación!».

Y aquí tenemos el secreto paradójico: la conexión y el aislamiento están unidos el uno al otro.

Estoy seguro de que sin mi experiencia como adolescente solitario que no había salido del armario y que vivía en un internado no estaría tan apasionado por la conexión profunda en la actualidad. Simplemente no podemos conocer la conexión sin también experimentar la desconexión. No hay nada malo en ti cuando sientes esa vasta soledad. No hay nada que tengas que cambiar. No hay nada que arreglar, pero sí que hay una cosa que hacer:

Recordar.

Recuerda que ambas son reales. El vasto vacío y la conexión eterna. La sensación de total soledad y el estado interdependiente de ser muy querido. Es la paradoja en la que vivimos, y todas las prácticas y las historias que hemos explorado en este libro están simplemente ahí para ayudarte, en momentos de alegría y tristeza, de agobio y aridez, para recordar.

AGRADECIMIENTOS

Estoy seguro de que sin las decenas de miles de fieles oyentes de *Harry Potter and the Sacred Text*, este libro no hubiera encontrado su camino hasta la imprenta. Gracias a cada persona que lo sintoniza, permitiendo que Vanessa, Ariana y yo entremos en vuestra vida cada semana. Os prometo que haré un pastel antes de que terminemos *Harry Pottter y las reliquias de la muerte...*

En cuanto a mis compañeros de travesuras, unas enormes gracias a las incontables horas de edición de Ariana y por reírse, de vez en cuando, con mis tontos chistes; y toda una vida de agradecimiento a Vanessa Zoltan por cocrear algo mágico, incluso cuando al mundo le parecía que éramos ridículos. No obstante, y más que por eso, gracias por ser una maravillosamente buena amiga.

Gracias a mi agente literaria, Lisa DiMona. ¡Espero con ilusión muchos más almuerzos parisinos! Gracias también a Lauren Carsley y al equipo de Writers House por su apoyo.

Unas gracias enormes a mi editora en HarperOne, Anna Paustenbach. Tu aguda y atenta edición han aportado una claridad y un impacto que iba mucho más allá de mi propia capacidad. Gracias también por tu amabilidad a lo largo de todo el proceso. Nunca olvidaré tu hilarante nota en respuesta a mi primer borrador «vomitado»...

Gracias también a todo el equipo de HarperOne, especialmente a Mary Grangeia, Mickey Maudlin, Laina Adler, Judith Curr, Melinda Mullin, Julia Kent, Kathryn Hamilton, Gideon Weil, Aidan Mahony y a todos los que ayudaron a dar vida a este libro.

Una gran reverencia de agradecimiento a Dacher Keltner por escribir, generosamente, el prólogo y por sus décadas de investigación recopilando las pruebas científicas de tantas de las prácticas que describo en el libro. Poca gente aúna la ciencia y la espiritualidad con tanta habilidad, y Dacher es la prueba viva de la belleza que genera.

A los Hermanos de la Sociedad de San Juan Evangelista, gracias por vuestra hospitalidad y generosidad durante mis muchas visitas a la tranquila belleza de Emery House para escribir.

Gracias a todo el equipo del Fetzer Institute, especialmente a Michelle Scheidt y Bob Boisture, por apoyar mi trabajo a lo largo de los últimos cuatro años. Gracias, Michelle, por tu amistad y pasión y por enseñarnos dónde encontrar el mejor desayuno en Kalamazoo.

Sin seis maravillosos años en la Facultad de Teología de la Universidad de Harvard nunca habría conocido la mayoría de las prácticas que aparecen en este libro. Tengo una deuda eterna con Dudley Rose por su capacidad de dar con formas de hacer que la magia suceda, con Matthew Potts por su rigor e imaginación, con Mark Jordan por su ejemplo y su generoso *feedback*, con David Hempton por decir «Sí» y con todos mis compañeros de clase y profesores que me han mostrado tanta generosidad enseñándome. Unas palabras especiales de agradecimiento a dos abanderados que han hecho profundizar y han avivado para siempre mi fuego espiritual e intelectual. En primer lugar a Kerry Maloney: gracias por escucharme mientras hablaba y por ofrecer siempre una palabra. Sigo descubriendo cuánto he aprendido de ti sin que nunca hayas sido, formalmente, profesor mío. Y por supuesto, a Stephanie Paulsell: gracias por mostrarme cómo traducir la belleza de la tradición y por darme la confianza para explorar mi propia vida espiritual con tu firme brazo en mi espalda y palabras de ánimo en mis oídos. ¡Me has proporcionado unas riquezas inagotables!

Un agradecimiento sentido a mis mentores, profesores y a los mayores antiguos, nuevos y lejanos: Seth Godin, Erik Martínez Resly, Ken Beldon, Burns Stanfield, Nancy Ammerman, Jeff Lee, Gil Rendle, John Dorhauer, Carol Zinn, Neil Hamilton, Sue Mosteller, John O'Donohue, Nadia Bolz-Weber, Richard Holloway, Kai Grünewald, Solitaire Townsend, Brené Brown, Derek van Bever, Richard Parker, Kathleen McTigue, John Green, Richard Rohr, Abraham Joshua Heschel, Henri Nouwen, Parker Palmer, y especialmente Charlotte Millar por volver a abrir la puerta a una vida espiritual remontándonos a Londres.

A medida que voy haciéndome mayor, estoy aprendiendo que la vida consiste en la gente a la que conoces y las cosas que creas con ella. Gracias a cada uno de estos compañeros viajeros y cocreadores por su amistad a lo largo de todo el camino: Hilary Allen, Caroline Howe, Jonathan Krones, Ariel Friedman, Jamie Henn, Morissa Sobelson Henn, Ingrid Warner, Mila Majic, Daniel Vockins, Marisa Egerstrom, Nicholas Hayes, Erika Carlsen, Andrew Bradley, Titiaan Palazzi, Lawrence Barriner II, Adam Horowitz, Lennon Flowers, Alan Webb, Sarah Bradley, Julianne Holt-Lunstad, Jen Bailey, Liliana Maria Percy Ruíz, Yoav Schlesinger, Sid Schwarz, Alex Evans, Aden van Noppen, Lisa Greenwood, Melissa Bartholomew Wood, Elan Babchuk, Sara Luria, Channon Ross, Amichai Lau-Lavie, Priya Parker, Tara-Nicholle Nelson, May Boeve, Michael Poffenberger, Broderick Greer, Timbo Shriver, Johnny Chatterton, Scott Perlo, Alex Smith, Mike Webb, Barry Finestone, Christian Peele, Julie Rice, Elizabeth Cutler, Danya Shults, Scott Heiferman, Jeff Walker, Vivek Murthy y Jane Shaw, entre muchos otros.

Gracias también a las almas valientes que leyeron los primeros borradores del manuscrito y me ofrecieron un *feedback* perspicaz, amable y adecuadamente desafiante: especialmente a Lawrence Barriner II, Hilary Allen, Andrew Bradley, Hanna Thomas y Olivia Haughton Willis. (Liv, tú, en particular, viste cosas en una página que nadie tendría que leer y pese a ello defendiste el proyecto, por lo que te estoy agradecido). Gracias a Rachel Hills y Jieun Beck por compartir ideas clave sobre el proceso de publicación del libro, a Maya Dusenbery por su precisa verificación de datos, y a Margie Dillenburg, Erica Williams Simon, Jeremy Heimans y Natalya Sverjensky por su diseño de una estrategia.

Muchas de las experiencias que dieron forma a este libro las he tenido junto con mi hermana en el trabajo, Angie Thurston. Ya estuviéramos hablando frente a una sala de obispos metodistas, viendo a un hombre aterrizar en un campo llevando una mochila cohete o viajando por el otro mundo, me encanta aprender de ti y moldear el mundo contigo. ¿Quién podría decir si he cambiado a mejor? ¡Yo puedo hacerlo al 100 %! Tengo una deuda eterna con Angie y con nuestra tercera hermana en el trabajo, Sue Phillips. Cualquier profundización espiritual que este libro pueda fomentar es completamente gracias a vuestra amistad y ejemplo. ¡No estaría aquí sin vosotras!

A mi familia: Suzanne Hillen, Marc ter Kuile, Laura ter Kuile, Fleur ter Kuile, Rosa ter Kuile: os quiero. Una vez me dijeron que el primer libro de cualquier persona trata sobre su madre, y éste, ciertamente, no supone una excepción. La forma en la que mi madre me educó y apoyó a toda nuestra familia está entretejida en todo lo que he sido capaz de compartir aquí. Desde los largos paseos por el bosque de Ashdown Forest, las canciones VJK en torno a la fogata, las partidas de naipes los sábados por la noche, eres, de verdad, la autora de esta historia.

Y por último, gracias a mi querido esposo Sean Lair. En este preciso momento estás poniendo en remojo piel de naranja y horneando un pastel de frutas para nuestra fiesta de gala para cantar villancicos navideños en grupo. Gracias por soportar mis resacas por mi vulnerabilidad con la escritura y ser siempre mi defensor y copiloto. Estoy tan feliz de que estemos juntos.

ÍNDICE